全国船舶工业职业教育教学指导委员会推荐教材

机舱资源管理

主　编　李　军

副主编　张选军　刘　学

主　审　徐立华

哈尔滨工程大学出版社

Harbin Engineering University Press

内 容 简 介

本书共六部分内容。包括认识资源管理、管理职能、轮机部团队、人为失误及预防、实训指导和实训详解。本书描述了机舱资源管理知识,阐述了国家海事局关于机舱资源管理考试的形式及标准,并结合实例模拟了机舱资源知识在船舶实践中的应用。

本书可以作为海事院校轮机工程专业学生"机舱资源管理"课程的教材,也可以作为现有轮机员履约知识更新培训和评估的教材。

图书在版编目(CIP)数据

机舱资源管理/李军主编. —哈尔滨:哈尔滨工程
大学出版社,2023.1
ISBN 978 – 7 –5661 –3822 –4

Ⅰ.①机…　Ⅱ.①李…　Ⅲ.①机舱 – 资源管理 –
教材　Ⅳ.①U663.82

中国国家版本馆 CIP 数据核字(2023)第 024050 号

机舱资源管理
JICANG ZIYUAN GUANLI

选题策划　雷　霞　薛　力
责任编辑　李　暖
封面设计　李海波

出版发行　哈尔滨工程大学出版社
社　　址　哈尔滨市南岗区南通大街 145 号
邮政编码　150001
发行电话　0451 – 82519328
传　　真　0451 – 82519699
经　　销　新华书店
印　　刷　哈尔滨市石桥印务有限公司
开　　本　787 mm ×1 092 mm　1/16
印　　张　11.25
字　　数　265 千字
版　　次　2023 年 1 月第 1 版
印　　次　2023 年 1 月第 1 次印刷
定　　价　48.00 元
http://www.hrbeupress.com
E-mail:heupress@ hrbeu.edu.cn

前　言

2010 年 6 月,国际海事组织(IMO)在马尼拉召开外交大会,通过了《1978 年海员培训、发证和值班标准国际公约》(马尼拉修正案),该修正案直接将机舱资源管理列为规则的 A 部分,作为轮机员适任的强制要求。为履约需要,国家海事局随即修改了《中华人民共和国海船船员适任考试、评估和发证规则》,颁布了海船船员适任考试、评估大纲。根据培训需要,各海事院校纷纷组织力量编写机舱管理教材,但大多是采用学科体系模式、以知识学科为主线及逻辑结构编写的教材,与职业岗位关联不甚密切甚至没有关联。该类教材以理论性为主,实践性较差,难以实现工学结合、项目驱动的教学模式。教材学术味道浓厚,因为学生普遍不愿意翻看该类教材,所以无法培养学生的自学能力。

为此,本书采用"工作流程 + 工作手册 + 操作视频"三位一体的立体化教材建设新模式。全书以项目式结构编写为基础,突出理论与实践相结合的特征,前四个项目注重理论学习,并在项目后配有适量的习题;后两个项目注重实践,每一项训练结束后,教师可以指导学生填写实训报告,巩固学习效果。本书内嵌大量图片和二维码,学生可以通过扫描二维码获取详细的视频学习资料。为提高评估通过率,本书搜集整理了近几年海事局组织机舱资源管理评估的案例资料和题卡,供读者参考借鉴。

本书由武汉船舶职业技术学院组织编写,武汉船舶职业技术学院李军轮机长担任教材主编、徐立华院长担任主审。全书共有 6 个项目,其中项目 1 由中国远洋海运集团有限公司朱玉华轮机长编写;项目 2 由武汉船舶职业技术学院张选军轮机长编写;项目 3 和项目 4 由武汉船舶技术学院刘学副教授编写;项目 5、任务 6.1 ~ 6.2 由武汉船舶职业技术学院李军轮机长编写;任务 6.3 由中国远洋海运集团有限公司高级轮机长关朝阳编写。本书在编写过程中得到了武汉理工大学、长江海事局、中国远洋海运集团有限公司的大力支持,有关专家提供了大量资料,在此一并表示感谢!

由于资料来源及编者学术水平有限,书中难免存在疏漏、不妥之处,恳请读者批评指正。

编　者

2022 年 11 月

目　　录

项目1　认识资源管理 ··· 1

　　任务1.1　资源与管理 ·· 1

　　任务1.2　机舱资源管理 ··· 2

项目2　管理职能 ··· 6

　　任务2.1　计划 ··· 6

　　任务2.2　组织 ··· 9

　　任务2.3　领导 ·· 16

　　任务2.4　控制 ·· 19

　　任务2.5　激励 ·· 22

　　任务2.6　通信与沟通 ·· 27

项目3　轮机部团队 ··· 39

　　任务3.1　团队 ·· 39

　　任务3.2　轮机部团队精神 ·· 45

项目4　人为失误及预防 ··· 48

　　任务4.1　人为失误 ··· 48

　　任务4.2　情景意识 ··· 52

　　任务4.3　人为失误的预防 ·· 55

项目5　实训指导 ·· 58

　　任务5.1　训练及评估要求 ·· 58

　　任务5.2　通信与沟通 ·· 62

　　任务5.3　计划编制与实施 ·· 80

　　任务5.4　轮机部团队的协调与配合 ···································· 88

　　任务5.5　应急情况下,轮机长、轮机员之间的协调与配合 ·············· 113

项目6　实训详解 ··· 132

　　任务6.1　常规工况 ·· 132

　　任务6.2　应急工况 ·· 148

　　任务6.3　计划编制 ·· 163

附录 ·· 173

参考文献 ·· 174

项目1 认识资源管理

【知识目标】掌握资源与管理的基本概念、基本含义;机舱资源的构成、含义和要点。

【能力目标】能够识别、分类、利用机舱资源。

【素质目标】具有热爱航海、投身航海事业的高尚情怀。

任务 1.1 资 源 与 管 理

1.1.1 资源

一般认为,资源是指一切可被人类开发和利用的物质、能量和信息的总称,它广泛存在于自然界和人类社会中,包括自然资源和社会资源,如土地资源、矿产资源、森林资源、海洋资源、石油资源、人力资源、信息资源等。任何一个组织若想维持生存与发展,在拥有必要的资源基础上,必须能对有限的资源予以合理而充分的配置和应用,发挥其最佳效果,以支持组织目标的实现,所以说资源是各种生产活动正常进行的根本保证。

1.1.2 资源分类

通常我们将资源按以下几种情况分类:

1. 按资源的基本属性,分为自然资源、社会资源;

2. 按利用限度,分为可再生资源、不可再生资源;

3. 按性能和作用特点,分为硬资源、软资源;

4. 按资源的更替特点,分为可更新资源、不可更新资源;

5. 按自然资源的固有属性,分为可耗竭性资源、可更新性资源、可重复使用性资源等。

1.1.3 管理

管理一词有多种解释,到目前为止还没有一个统一的为大多数管理学者所接受的定义。原因在于不同的人在研究管理时出发点不同,因此,对管理所下的定义也就不同。强调管理者个人领导作用的人认为"管理就是领导";强调决策作用的人认为"管理就是决策",不一而足。在众多管理定义的比较中,一个较为以偏概全的定义是"管理是通过计划、组织、控制、激励、领导及沟通等工作来协调人力、物力、财力和信息等资源,以更好地实现组织目标的过程"。

管理有三层含义。

第一层含义,管理职能有六方面:计划、组织、控制、激励、领导及沟通。这是管理者在管理过程中要做的工作及要发挥的职能作用。

第二层含义,管理对象有四方面:人力、物力、财力和信息。管理要通过发挥上述六方面职能作用,来协调组织存在和发展的这四方面资源条件,这也是第一层含义的目的所在。

第三层含义,进一步说明了第二层含义的目的,即协调人力、物力、财力和信息资源的目的是使整个组织活动更加富有成效,这也是管理活动的根本目的。

管理的这三层含义,可概括为表1-1所示:

表1-1　管理

管理对象	管理者						组织目标
	计划	组织	控制	激励	领导	沟通	
人力							
物力							
财力							
信息							

全球华人中国式管理第一人——中国台湾兴国管理学院校长、英国牛津大学管理哲学荣誉博士、英国莱斯特大学管理哲学博士曾仕强首创中国人自己的管理智慧,他在所著的《中国式管理》一书中,旗帜鲜明地指出管理是一个修己安人的过程,先修己才可后安人。"修己"的意思是修造自己,而不是改变他人。这与日本通用公司管理奉行"己所不欲,勿施于人"所倡导的修己理念完全相吻合、相一致。当下,华为、阿里巴巴、小米等中国企业,在管理方面无不得益于"中国式管理"的启发与运用。对于我们国人而言,就是要将中国式管理的大义挖掘出来,站在"中国特色"的角度,不断实践、总结并提升自己的管理智慧。

任务 1.2　机舱资源管理

1.2.1　机舱资源管理的含义

机舱资源管理是轮机人员充分利用船舶机舱人力、物力、信息、环境等各种资源,通过机舱组织和程序的执行,充分发挥轮机部团队的作用,对各种信息充分沟通和交换,明确各自在机舱各项工作中的职责,对机舱现有的各种机械动力设备、安全设备,进行合理配置和有效使用,减少和杜绝潜在的人为失误,以达到船舶安全营运的目的。

1.2.2　机舱资源管理的构成

机舱资源管理的构成见表1-2。

表 1 - 2　机舱资源管理的构成

机舱资源	人力资源	计划与时间管理
		资源配置与优先顺序
		交流与沟通
		团队建设
		情景意识
		领导与抉择
	设备资源	推进装置
		辅助装置
		管路系统
		甲板机械
		防污染设备
		自动化设备
	消耗资源	油类
		淡水
		备件及物料
		工具
	信息资源	内部通信和外部通信
		船舶局域网传达的信息
		船舶广域网传达的信息
	环境资源	机舱环境
		航行环境
		航运界环境

1.2.3　机舱资源管理的要点

机舱中的人力资源、设备资源、消耗资源、信息资源和环境资源构成了一个有机的整体,机舱资源管理就是要使这个整体安全、可靠、高效地运转。没有机构就无法实现机舱资源的科学管理,机舱资源管理的工具是机构,它由具有一定编制的轮机技术管理人员所组成,主要包括管理级、操作级的轮机员和支持级的机工。轮机员是机舱资源中的能动因素,它既是管理的主体也是首要需要管理的资源。轮机员受过专业的培训,掌握一定的专业技能知识和管理知识,满足值班标准国际公约"马尼拉修正案"(以下简称 STCW 公约)有关轮机员适任能力的要求。管理的手段是"法"。这里的"法"不仅包括相关的国际公约、准则、规范还包括国内的相关法律和规定,企业和船舶上的各种规章制度、操作规范。"法"是由相关的国际海事组织、海事管理机构、行业协会、船公司制定的,如图 1 - 1 所示的 1978 年海员培训、发证和 STCW 公约和如图 1 - 2 所示的国际防止船舶造成污染公约(以下简称 MARPOL 公约)。轮机员在对各种机舱资源管理的过程中要遵守"法"的各项规定。机舱管理的各项工作都要落实到具体的轮机人员身上并由他们执行,所以机舱资源管理在一定程度上是人力资源的管理。人力资源是机舱资源中最重要的因素,也是轮机资源管理的核心。所以搞好人力资源管理,提高轮机员的专业技能、人际关系技能,是搞好机舱资源管理的关键。

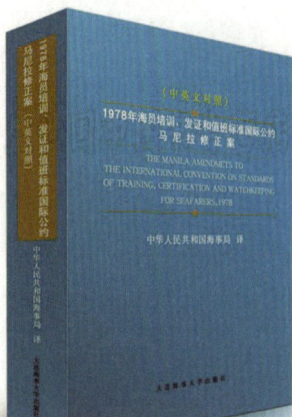

图 1-1　STCW 公约

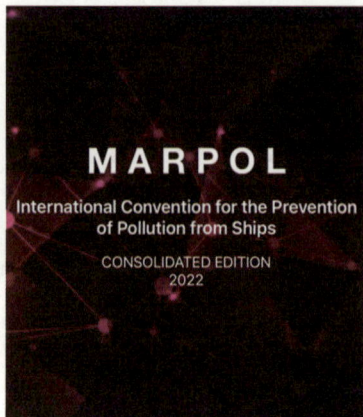

图 1-2　MARPOL 公约

1.2.4　机舱资源管理的目的

机舱资源管理的目的就是结合船舶机舱可能发生或遇到的紧急情况,要求机舱值班人员执行机舱组织和程序,根据应急计划对人为因素进行管理,有效地利用船舶机舱现有的各种机械动力设备、安全设备,发挥每个人在团队工作中的作用,从而严格而有条不紊地执行操作程序,以保证船舶的安全航行,减少和避免潜在的人为事故。

1.2.5　作业

1. 按性能和作用的特点,资源可以分为_____。

A. 社会资源　　　　B. 不可再生资源　　　　C. 硬资源和软资源　　　　D. 可更新资源

2. 以下哪句话是错误的? _____

A. 资源包括物质和非物质资源

B. 广义的资源泛指自然资源

C. 广义的资源指人类生存发展和享受所需要的一切物质和非物质要素

D. 资源具有稀缺性

3. 以下资源分类方法恰当的是_____。

①硬资源,软资源

②可再生资源,不可再生资源

③可更新资源,不可更新资源

④自然资源,社会资源

A. ①②③　　　　B. ②③④　　　　C. ①②④　　　　D. ①②③④

4. STCW 公约马尼拉修正案中强调的是机舱_____的管理。

　A. 硬资源　　　　　B. 软资源　　　　　C. 设备资源　　　　　D. 信息资源

5. 从某种意义上来说,企业管理特别是质量管理,就是对_____。

　A. 资源的管理　　B. 组织的管理　　　C. 人的管理　　　　　D. 资源的控制

6. 管理的六大基本职能是_____。

　A. 计划、组织、领导、控制、激励和沟通

　B. 计划、组织、领导、协调、激励和沟通

　C. 计划、领导、决策、控制、激励和沟通

　D. 计划、领导、决策、协调、激励和沟通

7. 管理包括_____。

　①管理是一个过程

　②管理的核心是达到目标

　③管理达到目标的手段是运用组织拥有的各种资源

　④管理的本质是协调

　A. ①②③　　　　　B. ②③④　　　　　C. ①②④　　　　　D. ①②③④

8. 机舱资源包括_____。

　①人力资源　　　　②设备资源　　　　③消耗资源　　　　④信息资源

　⑤环境资源　　　　⑥通信资源　　　　⑦自然资源

　A. ①②③④⑤　　　　　　　　　　　B. ③④⑤

　C. ③④⑤⑥⑦　　　　　　　　　　　D. ①②③④⑤⑥⑦

9. 环境资源包括_____。

　①船舶机舱环境资源

　②船舶航行环境资源

　③航运界环境资源

　A. ①②　　　　　B. ①③　　　　　C. ②③　　　　　D. ①②③

10. 机舱资源管理的目的有_____。

　①结合船舶机舱可能发生或遇到的紧急情况,要求机舱值班人员通过机舱组织和程序的执行

　②根据应急计划对人为因素进行管理,有效地利用船舶机舱现有的各种机械动力设备、安全设备,发挥每个人在团队工作中的作用

　③严格而有条不紊地执行与完成相关工作的操作程序,以保证船舶的安全航行

　④减少和避免潜在的人为事故

　A. ①③④　　　　　B. ①②③　　　　　C. ①②④　　　　　D. ①②③④

项目 2　管理职能

【知识目标】掌握计划的含义、内容及编制实施方法;掌握组织的含义、组织的原则、人员配备;掌握船舶、轮机部组织结构;掌握领导的含义、领导方法;理解控制、激励的含义和方法;掌握通信沟通的基本环节及有效沟通的方法。

【能力目标】能够编制每季度、每月、每周的工作计划;能够运用控制和激励的有效方法控制和激励组织成员努力工作;能够与机舱内外的同事进行有效的沟通。

【素质目标】具有热爱航海、投身航海事业的高尚情怀。

任务 2.1　计　　划

2.1.1　计划的含义

在管理学中,计划具有两重含义:其一是广义计划,是指制订计划、执行计划和检查计划三个阶段的工作过程;其二是狭义计划,是指制订计划,即根据组织内外部的实际情况,权衡客观的需要和主观的可能,通过科学的调查预测,提出在未来一定时期内组织所需达到的具体目标以及实现目标的方法。

2.1.2　计划的内容

可以把计划的内容简要地概括为八个方面,即 what(什么)——计划的目的、内容;Who(谁)——计划的相关人员;where(何处)——计划的实施场所;when(何时)——计划实施的时间范围;why(为什么)——计划实施的缘由、前景;how(如何)——计划的方法和运转实施;how much(多少)——计划的预算;effect(效果)——预测计划实施的结果、效果。计划内容被简称为"5W2H1E"。

2.1.3　计划的编制和实施

计划编制完成后,就要把计划所确定的目标任务在时间和空间两个角度展开,落实到组织各个单位和个人,规定他们在计划期内应该从事什么活动,达到什么要求,这个过程就是计划的组织实施过程。其行之有效的方法主要有目标管理、滚动计划法和 PDCA 循环等。在中国古代,有很多编制计划坚持实施,最终取得成功的案例。

1. 目标管理

目标管理是以泰罗的科学管理和行为科学管理理论为基础形成的一套管理制度,其概念是管理专家彼得·德鲁克(Peter Drucker)于 1954 年在其名著《管理实践》中最先提出的,而后他又提出"目标管理和自我控制"的主张。

德鲁克认为,并不是有了工作才有目标,相反,有了目标才能确定每个人的工作。所以"组织的使命和任务,必须转化为目标",如果一个领域没有目标,这个领域的工作必然被忽视。因此管理者应该通过目标对下级进行管理,当组织最高层管理者确定了组织目标后,必须对目标进行有效分解,转变成各个部门以及每个人的分目标,管理者根据分目标的完成情况对下级进行考核、评价和奖惩。

目标管理的程序一般包括三个阶段,即目标的制定与展开,目标的组织与实施,成果的实施与考核。

2.滚动计划法

这种方法根据计划的执行情况和环境变化定期修订未来的计划,并逐期向前推移,使短期计划、中期计划有机地结合起来。由于在计划工作中很难准确地预测将来影响组织生存与发展的各种变化因素,而且随着计划期的延长,这种不确定性越来越大。因此,如果机械地按几年以前编制的计划实施,或机械地、静态地执行战略性计划,则可能导致巨大的错误和损失。滚动计划法可以避免这种不确定性带来的不良后果。具体做法是用近细远粗的办法制订计划。

3.PDCA 循环

PDCA 循环的含义是将质量管理分为四个阶段,即 plan(计划 P)、do(执行 D)、check(检查 C)和 act(处理 A)。在质量管理活动中,要求把各项工作按照做出计划、实施计划、检查实施效果,然后将成功的计划纳入标准,不成功的留待下一循环去解决。

PDCA 循环具有如下特点:

(1)大循环套小循环,小循环保大循环,互相促进,推动大循环,如图 2-1 所示。

(2)PDCA 循环是螺旋式循环上升,每转动一周,质量就提高一步,如图 2-2 所示。

(3)PDCA 循环是综合性循环,四个阶段是相对的,不是截然分开的。

PDCA 循环的四个阶段八大步骤:

(1)P 阶段分为如下四个步骤。

步骤一,分析现状。

步骤二,分析问题产生的原因。

步骤三,要因确认;区分主因和次因是解决问题的关键。

步骤四,拟订措施、制订计划。(5W1H),即为什么(why)拟订该措施? 达到什么(what)目标? 在何处(where)执行? 由谁(who)负责完成? 什么时间(when)完成? 如何(how)完成措施和计划是执行力的基础,尽可能使其具有可操性。

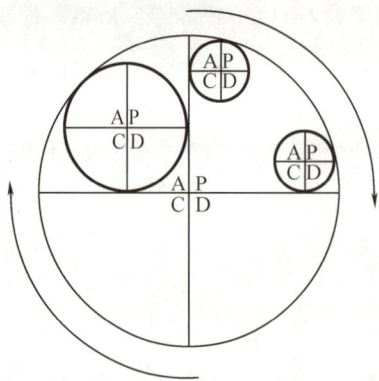

图 2－1　PDCA 大循环套小循环

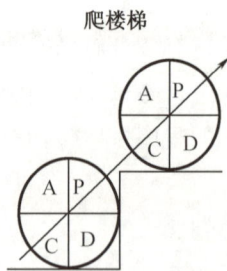

爬楼梯

图 2－2　PDCA 螺旋式循环上升

（2）D 阶段

步骤五，执行措施和计划。高效的执行力是组织完成目标的重要一环。

（3）C 阶段

步骤六，检查验证、评估效果。

（4）A 阶段

步骤七，标准化，固定成绩。标准化是维持组织治理现状不下滑，积累、沉淀经验的最好方法，也是组织治理水平不断提升的基础。可以这样说，标准化是组织治理系统的动力，没有标准化，组织就不会进步，甚至会下滑。

计划微课

步骤八，处理遗留题目。所有问题不可能在一个 PDCA 循环中全部解决，遗留的问题会自动转进下一个 PDCA 循环，如此，周而复始，螺旋式上升。

2.1.4　作业

1.广义的计划工作是指制订计划、执行计划和_____三阶段的工作过程。

A.组织计划　　　　　B.反馈计划　　　　　C.检查计划　　　　　D.安排计划

2.PDCA 循环的运转程序一般要经历_____。

A.三个阶段八个步骤　　　　　　　　B.四个阶段八个步骤

C.五个阶段四个步骤　　　　　　　　D.八个阶段四个步骤

3.计划的组织实施，行之有效的方法主要有_____。

A.目标管理和 PDCA 循环　　　　　　B.目标管理和"自我控制"

C.PDCA 循环与"自我控制"　　　　　D.目标管理、PDCA 循环和"自我控制"

4.关于 PDCA 循环，以下表述错误的是_____。

A.一个 PDCA 循环结束，问题就彻底解决了

B.PDCA 循环是大循环套小循环的循环

C.PDCA 循环是螺旋式上升的前进

D.PDCA 循环是综合性的开放式的循环

5. 计划的主要内容包括_____，计划必须清楚地确定和描述这些内容。

A. what，why，who，where，when，how many，how much

B. what，why，we，where，when，how to，how much

C. what，why，we，where，when，how，how much

D. what，why，who，where，when，how，how much

6. 计划的主要内容包括_____。

①what—做什么？　　　　　　　　②why—为什么做？

③who—谁去做？　　　　　　　　④where—何地做？

⑤when—何时做？　　　　　　　　⑥how—怎样做？

⑦How much—需多大代价？

A. ①②③④⑤　　　　　　　　　　B. ①②③④⑤⑥

C. ①②③④⑤⑦　　　　　　　　　D. ①②③④⑤⑥⑦

7. 计划的主要内容包括_____。

A. 5W2H　　　　　B. 5H2W　　　　　C. 4W3H　　　　　D. 4H3W

8. PDCA 循环依次指的是_____。

A. 计划、检查、执行、行动

B. 计划、执行、检查、行动

C. 计划、执行、改进、行动

D. 计划、声明、改进、行动

9. 计划实施过程的有效方法主要有_____。

①目标管理　　　②PDCA 循环　　　③滚动计划法

A. ①②　　　　　B. ②③　　　　　C. ①②③　　　　　D. 三者都不是

10. "PDCA" 循环的运转程序一般要经历_____四个阶段八个步骤。

A. 计划制订阶段(P)、计划实施阶段(D)、计划检查阶段(C)、计划处理阶段(A)

B. 计划实施阶段(P)、计划实施阶段(D)、计划检查阶段(C)、计划反馈阶段(A)

C. 计划检查阶段(P)、计划处理阶段(D)、计划实施阶段(C)、计划实施阶段(C)、计划制订阶段(A)

D. 计划检查阶段(P)、计划实施阶段(D)、计划反馈阶段(C)、计划制订阶段(A)

任务 2.2　组　　织

2.2.1　组织的含义

在管理学中，组织的含义可以从静态与动态两个方面来理解。从静态方面看，指组织结构，即反映人、职位、任务以及它们之间的特定关系的网络。这一网络可以把分工的范围、程度、相互之间的协调配合关系、各自的任务和职责等用部门和层次的方式确定下来，成为组织的框架体系。从动态方面看，指维持与变革组织结构，以完成组织目标的过程。

通过组织机构的建立与变革,将生产经营活动的各个要素、各个环节,从时间、空间上科学地组织起来,使每个成员都能接受领导、协调行动,从而产生新的、大于个人和小集体功能简单加总的整体职能。

2.2.2 组织的原则

1. 目标任务原则

组织设计的根本目的是实现战略任务和经营目标。组织结构的全部设计工作必须将此作为出发点和归宿点。

2. 责、权、利相结合原则

责任、权力、利益三者之间是不可分割的,而且必须是协调的、平衡的和统一的。权力是责任的基础,有了权力才可能负起责任;责任是对权力的约束,有了责任,权力拥有者在运用权力时就必须考虑可能产生的后果,不至于滥用权力;利益的大小决定了管理者是否愿意担负责任以及接受权力的程度。

3. 分工协作原则及精干高效原则

组织任务目标的完成,离不开组织内部的专业化分工和协作,在合理分工的基础上,各专业部门又必须加强协作和配合,才能保证各项专业管理工作的顺利开展,以达到组织的整体目标。

4. 管理幅度原则

管理幅度是指一个主管能够直接有效地指挥下属成员的数目。由于受个人精力、知识、经验条件的限制,管理幅度的大小同管理层次的多少成反比的关系,因此在确定管理层次时,必须考虑到有效管理幅度的制约。

5. 统一指挥原则和权力制衡原则

统一指挥是指在具体工作中,某个下级人员只能领受一个上级领导人的命令;权力制衡是指领导人的权力监督机制,当出现某个管理层或者职务的行为正在或即将损害组织利益时,应通过合理合法程序,制止其权力的滥用。

6. 集权与分权相结合原则

在进行组织设计或调整时,权力集中和权力分散相辅相成,两者不可偏废。合理分权有利于基层组织根据当前的实际状况做出积极准确的判断和决策。

2.2.3 人员配备

人员配备是组织根据目标和任务需要正确选择、合理使用、科学考评和培训人员,用合适的人员去完成组织结构中规定的各项任务,从而保证整个组织目标和各项任务完成的职能活动。

1. 人员配备的任务

(1)物色合适的人选。组织各部门是在任务分工基础上设置的,因而不同的部门有不同的任务和不同的工作性质,必然要求具有不同的知识结构和水平、不同的能力结构和水平的人与之相匹配。人员配备的首要任务就是根据岗位工作需要,经过严格的考查和科学的论证,找出或培训为己所需的各类人员。

(2)促进组织结构功能的有效发挥。要使职务安排和设计的目标得以实现,让组织结构真正成为凝聚各方面力量、保证组织管理系统正常运行的有力手段,必须把具备不同素质、能力和特长的人员分别安排在适当的岗位上。只有使人员配备尽量适应各类职务的性质要求,才能使各职务应承担的职责得到充分履行,组织设计的要求才能实现,组织结构的功能才能发挥出来。

(3)充分开发组织的人力资源。现代市场经济条件下,组织之间的竞争的成败取决于人力资源的开发程度的高低。在管理过程中,通过适当选拔、配备和使用、培训人员,可以充分挖掘每个成员的内在潜力,实现人员与工作任务的协调匹配,做到人尽其才,才尽其用,从而使人力资源得到高度开发。

2.人员配备的程序

(1)制订用人计划,使用人计划的数量、层次和结构符合组织的目标任务和组织机构设置的要求。

(2)确定人员的来源,即确定是从外部招聘还是从内部重新调配人员。

(3)对应聘人员根据岗位标准要求进行考查,确定备选人员。

(4)确定人选,必要时进行上岗前培训,以确保人员能适用于组织需要。

(5)将所定人选配置到合适的岗位上。

(6)对员工的业绩进行考评,并据此决定员工的续聘、调动、升迁、降职或辞退。

3.人员配备的原则

(1)经济效益原则。组织人员配备计划的拟订要以组织需要为依据,以保证经济效益的提高为前提;既不是盲目地扩大职工队伍,又不是单纯地为了解决职工就业,而是为了保证组织效益的提高。

(2)任人唯贤原则。在人事选聘方面,大公无私、实事求是地发现人才、爱护人才,本着求贤若渴的精神,重视和选用确有真才实学的人。这是组织不断发展壮大,走向成功的关键。

(3)因事择人原则。因事择人就是员工的选聘应以职位的空缺和实际工作的需要为出发点,以职位对人员的实际要求为标准,选拔、录用各类人员。

(4)量才使用原则。量才使用就是根据每个人的能力大小而安排合适的岗位。人的差异是客观存在的,一个人只有处在最能发挥其才能的岗位上才能干得最好。

(5)程序化、规范化原则。员工的选拔必须遵循一定的标准和程序。科学合理地确定组织员工的选拔标准和聘任程序是组织聘任优秀人才的重要保证。只有严格按照规定的程序和标准办事,才能选聘到真正愿为组织的发展做出贡献的人才。

组织微课

2.2.4　船舶组织结构

船舶组织结构分为甲板部、轮机部和事务部。每个部门内部都有明确的岗位分工。

1. 甲板部

主要负责航海、船体保养、货物积载、装卸设备、航行中的货物照管;主管驾驶设备,如图2-3所示,包括导航仪器、信号设备、通信设备和航海图书资料;负责管理救生、消防、堵漏器材;主管舱、锚、系缆和装卸设备的一般保养,甲板设备如图2-4所示;负责淡水、压载水和污水系统的使用和处理。

图2-3 驾驶设备

图2-4 甲板设备

2. 轮机部

负责主机、副机、锅炉、辅机及各类机电设备的管理、使用和维护保养,主机如图2-5所示;负责全船电力系统的管理和维护工作,集控室如图2-6所示。

图2-5 主机

图2-6 集控室

3. 事务部

负责全船人员的伙食,厨房如图2-7所示;负责生活服务,洗衣房如图2-8所示;负责财务工作。

图 2 - 7　厨房

图 2 - 8　洗衣房

2.2.5　轮机部组织结构及成员分工

轮机部人员分为三个级别,依次为管理级、操作级和支持级。

1. 轮机长(管理级)

轮机长在船长和政委的领导下,熟悉和执行公司的安全和环境保护方针,对全船机械和电气设备(无线电通信导航和由甲板部使用的电子仪器除外)的操作和维护管理负总责,确保全船机电设备的适航;全面负责轮机部的安全生产和行政管理工作;全面检查轮机部规章制度的落实情况和机电设备的运行状态。轮机长肩章如图 2 - 9 所示。

图 2 - 9　轮机长肩章

由于男女在生理、体能上的差异,世界上大多数船舶轮机长由男性担任。也有些女性敢于打破世人对女性的刻板印象,顶着非议去做自己想做的事;她们是如此的勇敢,敢于突破阻挠,实现自己的人生价值;她们又是如此的伟大,为女性权利的提高与男女平等做出了不朽的贡献。这样的女子,古有"未若柳絮因风起"的谢道韫和"语不惊人死不休"的李清照,今有一生献身祖国航海事业的中国第一位女轮机长王亚夫。

1957 年,27 岁的王亚夫如愿开启了自己的航海生涯,自此做出了一个果敢抉择——终身不嫁!王亚夫把她全部的爱与恋都献给了大海,献给了她钟情一生的航海事业!1973 年,王亚夫实现了自己的夙愿,担任"广海号"轮机长,成为我国第一位远洋船舶高级女轮机长,也是迄今为止全球唯一一位终身从事航海事业的女轮机长,这一年她 43 岁。她忠于职守,忠于自己的诺言,把自己的青春和一生都奉献给了祖国的海运事业。1993 年,在大海上驰骋了 36 年的王亚夫带着自己航海事业的辉煌与豪迈,告别她最爱的海洋,退休上岸,继续为祖国的航海事业发挥余热。

2. 大管轮(管理级)

大管轮在轮机长的领导下,熟悉和执行公司的安全和环境保护方针,履行轮机值班职责,主管船舶推进装置及其附属设备,协助轮机长进行轮机技术管理和轮机部日常管理工作,确保主管设备适航。当轮机长不能履行职务时代理轮机长之职。大管轮肩章如图2－10所示。

3．二管轮(操作级)

二管轮在轮机长与大管轮的领导和监督下,熟悉和执行公司安全和环境保护方针,履行轮机值班职责,主管发电原动机等设备,确保主管设备适航。二管轮肩章如图2－11所示。

图2－10　大管轮肩章　　　　　　　　图2－11　二管轮肩章

4．三管轮(操作级)

三管轮在轮机长与大管轮的领导和监督下,熟悉和执行公司安全和环境保护方针,履行轮机值班职责,主管锅炉、甲板机械等设备,确保主管设备适航。三管轮肩章如图2－12所示。

5．电子电气员(操作级)

电子电气员在轮机长与大管轮的领导和监督下,熟悉和执行公司安全和环境保护方针,负责全船电子电气设备维护与管理,确保主管设备适航。电子电气员肩章如图2－13所示。

图2－12　三管轮肩章　　　　　　　图2－13　电子电气员肩章

6．值班机工(支持级)

值班机工在轮机长与大管轮的领导和监督下,熟悉和执行公司安全和环境保护方针,协助轮机员执行机(炉)舱设备的维护保养。值班机工肩章如图2－14所示。

图2－14　值班机工肩章

2.2.6　作业

1.组织结构的全部设计工作必须将_____作为出发点和归宿点。

A.计划　　　　　　　B.目标　　　　　　　C.日常任务　　　　　　D.基本原则

2.划分组织部门的原则有_____。

①目标任务原则　　　　　　　　②责、权、利相结合的原则

③分工协作原则及精干高效原则　　④管理幅度原则

⑤统一指挥原则和权力制衡原则　　⑥集权与分权相结合的原则

⑦经济效益原则　　　　　　　　⑧任人唯贤原则

A.①②③④⑤⑥⑦

B.①②③④⑤⑥

C.①②③④⑤⑥⑦⑧

D.⑦⑧

3.组织职能包括_____、人员配置、组织变革与发展。

A.机构设计　　　　B.结构设计　　　　C.安排计划　　　　D.组织设计

4.组织结构的全部设计工作必须以_____作为出发点和归宿点。

A.计划　　　　　　B.目标　　　　　　C.日常任务　　　　D.基本原则

5.以下不属于管理的组织职能的是_____。

A.指导工作　　　　B.人员配置　　　　C.机构设计　　　　D.组织变革

6._____是组织根据目标和任务需要正确选择、合理使用、科学考评和培训人员,以合适的人员去完成组织结构中规定的各项任务,从而保证整个组织目标和各项任务完成的职能活动。

A.组织部门　　　　B.管理幅度　　　　C.人员分配　　　　D.分工协作

7.一般远洋船舶轮机部组织机构分为_____,每个级别的成员都有自己的职责。

A.管理级和操作级　　　　　　　　B.支持级和操作级

C.管理级、操作级和支持级　　　　D.管理级和支持级

8.以下不属于轮机部负责的内容是_____。

A.主机、辅机　　　B.机电设备　　　　C.船体保养　　　　D.电力系统

9.以下属于二管轮主管的工作内容是_____。

A.执行机炉舱检修、保养工作　　　　B.主管发电原动机等设备

C.主管锅炉、加班机械设备　　　　　D.主管船舶推进装置及其附属设备

10.按照轮机部组织的原则,以下说法错误的是_____。

A.轮机长在船长和政委的领导下工作

B.大管轮在船长的直接领导下工作

C.二管轮在轮机长和大管轮的领导下工作

D.值班机工在轮机员的领导下工作

任务 2.3 领 导

领导是一项重要的管理职能,它是连接计划、组织、控制、激励和沟通等管理职能的纽带,是实现组织目标的关键。

2.3.1 领导及领导者

1. 领导

对领导的释义有多种,有人认为领导是一门促使下级完成任务的艺术;也有人认为,领导是一种说服他人追求目标的能力。领导的本质是一种影响力,是对组织及其成员确立目标并为实现目标而努力工作的影响能力。

2. 领导者

领导者是承担领导责任并实施领导的人,是利用领导的影响力带领组织及其成员实现组织目标的人。领导者的影响力来自权力,即指挥下级的权和促使下级服从的力。但是,领导者的权力有两种:其一是职位权力,这种权力是由组织赋予的,随职务变动而变动;其二是个人权力,这种权力的大小取决于领导者的个人素质,如是否具有高尚的品德、丰富的经验、卓越的能力、良好的人际关系等,这种权力不会随职位的消失而消失。领导者的职位权力或个人权力都是影响力的基础,二者缺一不可。

领导者的素质包括三方面:思想品德素质(政治觉悟、道德情操、言行作风、心理素质等),知识素质(专业知识、管理知识、相关知识等),能力素质(驾驭能力、创新能力、社会交往能力等)。

领导者的任务有两方面:一是实现组织目标;二是尽可能满足组织成员的需要,包括物质需要和精神需要。这两项任务是相辅相成的,只有满足组织成员的需要,才能调动其积极性,并维护领导者的影响力,从而保证组织目标的实现;也只有实现了组织目标才能更好地满足成员个体的需要。

2.3.2 领导方法理论

领导方法理论大致可以分为三类:第一类是特性理论,研究领导者个人特性;第二类是行为理论,研究领导者个人的行为对领导有效性的影响;第三类是情境理论或称权变理论,研究不同情况下采用何种工作作风和领导行为效果最佳。每一类领导理论中又都有多种领导方法,在此仅介绍两种领导方法理论。

1. 管理方格图(图2-15)

美国管理学家罗伯特·布莱克(Robert R. Blake)和简·莫顿(Jane S. Mouton)于1964年提出了"管理方格图"理论。图中横坐标和纵坐标分别表示领导者对工作和对人的关心程度,每个方格表示关心"工作"和 关心"人"这两个因素以不同程度相组合而形成的一种领导方式。

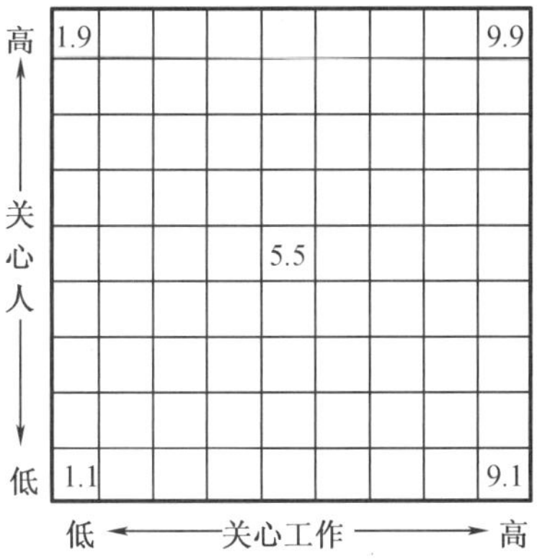

高　1.9　　　　　　　　　9.9

关
心
人　　　　　5.5

低　1.1　　　　　　　　　9.1

低 ◄——— 关心工作 ———► 高

图 2-15　管理方格图

在图 2-15 中 81 种领导方式中,典型的有 5 种:

1.1 方式为"贫乏式管理",领导者只以最低限度地努力来完成必须做的工作和维持人际关系,对人、对工作都不关心。

9.1 方式为"任务式管理",领导者只关心工作、不关心人,只考虑工作效率、不理会人际关系。

1.9 方式为"俱乐部式管理",领导者极少甚至完全不关心工作,只关心人。他们尽量促成一种人人都感到轻松、友爱、快乐的环境,却不考虑如何完成组织目标。

9.9 方式为"团队式管理",领导者对生产和人都极为关心,他们把组织工作的需要和员工的个人利益结合起来,组织内士气旺盛,大家齐心协力完成组织任务。

5.5 方式为"中间式管理",领导者对人与工作都有适度关心,既能保持一定的士气,又能正常完成工作任务。

上述 5 种典型的领导方式,仅仅是理论上的描述,也是极端的情况。实际中,很难见到与理论描述完全一致的范例。实际工作中,哪种方式更有效,要看实际效果,依具体情况而做选择。

2. 路径目标理论

路径目标理论是一种权变理论,是由加拿大多伦多大学教授豪斯(R. House)提出来的。这种理论认为:领导者的效率是以能激励下级达成组织目标,并在其工作中使下级得到满足的能力衡量的。当组织根据成员的需要而设立某些报酬以激励组织成员时,组织成员萌发想获得这些报酬的愿望,并开始做出努力。但是,要实现这一愿望,就必须在工作上做出成绩,为组织目标的实现做出贡献。这就要求领导者要使组织成员确切知道怎样才能完成组织目标,只有这样,激励才能起到预期的作用。

豪斯认为,一个领导者的职责有如下几方面:

(1)在职工完成工作目标后,增加报酬的种类和数量,增加吸引力。

(2)明确下级的工作目标,指明职工完成工作目标的道路,协助职工克服工作中的障碍。

(3)在完成工作的过程中,增加下级满足其他需要的机会。

豪斯设想的领导方式有4种：

（1）指示式，由领导发布指示，下属不参加决策。

（2）支持式，领导者对下级很友善，更多地考虑下属的需求。

（3）成就指向式，领导者为职工树立挑战性的目标，并表示相信职工能达到这些目标。

（4）参与式，让职工参与决策和管理。

豪斯认为，在工作中要积极指引人们排除通往目标道路上的障碍，使之完成组织目标并获得报酬，同时要在工作中增加人们需要的满足程度。他指出，领导方式的选择没有固定不变的公式，要根据情境因素的变化恰当选择。豪斯认为，权变因素主要有两个方面：第一，职工的个人特点，如职工受教育的程度、对成就的需求、领悟能力、愿意承担责任的程度、对独立性的需求程度等。第二，环境因素，包括工作的性质、正式权力组织、非正式组织等。

当工作任务不明确、职工无所适从时，他们希望领导能高度关心工作，帮助他们对工作做出明确安排和分工，提出要求并对完成方法给予指导。而当下级对所要完成的任务已经了解，并清楚地知道完成工作的方式与步骤时，领导还不断地发指令，职工就会感到多余和反感。这时，职工更希望领导者能高度关心人，使职工在工作中得到同情、赞扬和关心，获得需要的满足。

毛泽东的一生，无论负责何种工作，都非常讲究领导方法。1943年6月1日，在为中共中央起草的《关于领导方法的若干问题》的决议中，毛泽东明确指出："在任何一个地区内，不能同时有许多中心工作，在一定时间内只能有一个中心工作，辅以别的第二位、第三位的工作。"其实，这个方法说到底就是工作应突出重点，抓住根本，在做一件事的时候要集中精力。毛泽东的一生一直是这样说，也是这样做的。大革命失败以后，他很快就认识到，中国革命的中心内容是土地革命，因而坚定地在农村进行"武装割据"。在长期的革命斗争中，他一个时期集中于指挥打仗，一个时期集中于理论创作，一个时期又集中于整顿党的作风。同时，他还反复地向全党强调这种集中精力干大事、要事的方法。

2.3.3　作业

1. 领导是一项重要的管理职能，它是连接_____等管理职能的纽带，是实现组织目标的关键。

①计划　　　　　②组织　　　　　③控制　　　　　④激励和沟通

A.①②③　　　　B.①②④　　　　C.①③④　　　　D.①②③④

2. 领导者素质包含_____。

A.思想品德素质　　　B.知识素质　　　　C.能力素质　　　D.以上都是

3. 领导者的任务有_____方面。

A.实现组织目标　　　　　　　　　B.满足组织成员的需要

C.以上两项都是　　　　　　　　　D.满足自我

4. 关于机舱实施有效领导的正确叙述是_____。

①良好的素质是当好机舱领导的基本条件

②科学管理是当好机舱领导的法宝

③密切联系群众,做好思想政治工作,是当好机舱领导的基本功

④领导班子的团结协作是当好机舱领导的可靠保证

A.①②③ B.①②④ C.①③④ D.①②③④

5.下列对管理方图的论述正确的是_____。

①9.1 方式为"任务式管理",领导者只关心人,不关心工作。

②1.9 方式为"俱乐部式管理",领导者极少甚至完全不关心人,而只关心工作。

③5.5 方式为"中间式管理",领导者对人与工作都适度关心。

④9.9 方式为"团队式管理",领导者对生产和人都极为关心。

A.①② B.①③ C.②③ D.③④

6.豪斯认为,一个领导者的职责有如下_____方面。

①在职工完成工作目标后,增加报酬的种类和数量,增加吸引力。

②明确下级的工作目标,指明职工完成工作目标的道路,协助职工克服工作中的障碍。

③在完成工作的过程中,增加下级满足其他需要的机会。

A.①② B.①③ C.②③ D.①②③

7.豪斯设想的领导方式有_____种。

①指示式 ②支持式 ③成就指向式 ④参与式

A.①②③ B.①②④ C.②③④ D.①②③④

8.领导协调的对象是_____。

①协调群体中的个人 ②协调组织中的群体 ③协调不同的组织

A.①②③ B.①② C.②③ D.①③

9.领导协调的种类是_____。

A.向上协调和向下协调 B.内部协调和外部协调

C.上下协调和平行协调 D.纵向协调和横向协调

10.领导的构成要素主要有_____。

A.指挥 激励 协调 沟通 B.指挥 激励 感召 造势

C.指挥 激励 协调 决策 D.指挥 激励 感召 决策

任务 2.4 控 制

2.4.1 管理控制的含义

控制一词最早源于希腊文,原意为"操舵术"。自 1948 年维纳(Winer Norbet)发表《控制论》一书以来,控制论思想方法几乎渗透到所有的自然科学和社会科学领域。钱学森是我国控制工程论的开创者。1950 年,钱学森受到麦卡锡主义的迫害,无法再参与保密项目研究,他将自己的研究重点转向理论研究,创立"工程控制论"。工程控制论的创立是控制论领域的一次伟大突破,旨在研究在工程中实现自动控制与调节的理论以及自动控制与调

节系统的结构原理。1953年底,钱学森在加州理工学院开设"工程控制论"课程;1954年,他出版专著《工程控制论》。该书得到了广泛的赞赏,吸引了大批数学家、工程技术专家献身于控制论的研究。几年间,该书被译成俄、德、中、捷克等多种文字,广为流传,对控制论的发展和应用起到了巨大的推动作用,成为控制论领域的经典著作。美国的一位专栏作家评论道:"工程师偏重于实践,解决具体问题;数学家擅长理论分析,不善于从一般到具体去解决实际问题。钱学森集两个优势于一身,高超地将两个轮子装到一辆战车上,碾出了工程控制论研究的新途径。"

在回国前夕,钱学森带着刚出版的《工程控制论》和他在加州理工学院授课用的物理力学讲义去送给导师冯·卡门,并和他做最后辞别。冯·卡门翻了翻书,饱含感情地说:"你现在在学术上已超过我了!"

1.管理控制的概念

管理学认为控制是对组织活动的动态监测与调节,以实现组织目标的过程。控制是重要的管理职能之一。

2.管理控制的过程

管理控制有两个环节和三个步骤。两个环节是监测和调节环节。三个步骤是:

(1)测度,即测度现状,衡量实际绩效。

(2)比较,即将现状与标准(目标)比较。这两个步骤均为监测环节。

(3)调节,即发现偏差予以纠正,如果是由于主观努力不够,则应提高工作水平;如果发现标准定得不符合实际,则应当修订标准。

3.管理控制的重要性

任何组织活动都需要控制,组织活动过程中,许多影响组织生存发展的内外部条件都可能发生变化,因此必须对组织活动进行动态监测和调节,以实现组织目标。

任何管理职能作用的发挥都需要控制,当监测出现状与目标的偏差之后,需要采取种种调节手段纠正偏差,包括通过计划、组织、领导、激励与沟通等管理职能进行调节。

2.4.2　管理控制的种类

管理控制的种类有很多,较为常见的有以下几种。

1.预防性控制与更正性控制

这是根据控制活动的性质来划分的。

预防性控制是避免产生错误,或尽量减少更正活动的控制类型。例如,人人知法、人人懂法,就可以最大限度地减少由于不知法、不懂法而导致的违法行为。因此,国家强调法制,制定法律法规并大力宣传普及,这就是预防性控制措施。一般来说,规章制度、工作程序、人员训练等都起着预防控制的作用。

更正性控制的目的在于当出现偏差时,使行为或实施进程返回到预先确定的或所希望的水平。

2.正式组织控制、群体控制与自我控制

正式组织控制是由管理人员设计和建立起一些机构或规定来进行控制。像规划、预算和审计部门是正式组织控制的典型例子。组织通过规划指导组织成员的活动,通过预算来控制经费使用,通过审计来检查各部门或个人是否按照规定进行活动,并提出更正措施。

群体控制是基于群体成员的价值观念和行为准则,由非正式组织发展和维持的。非正式组织有自己的一套行为规范,其成员都知道遵循这些规范或是违反这些规范的利害。例如,建议一个新来的职工把产量限制在一个群体可接受的水平,就是在企业管理中经常遇到的群体控制事例。群体控制在某种程度上左右着组织成员的行为,处理得好,有利于达成组织目标;处理得不好,将会给组织带来很大危害。

自我控制是组织成员有意识地按某一行为规范进行活动,也称个人自我控制。例如,一个职工不愿意把集体的财物据为己有,可能是由于他具有诚实、廉洁的品质,而不单单是怕被抓住受惩罚。这是有意识的个人自我控制。自我控制能力取决于个人本身素质,具有良好修养的人自我控制能力一般较强。

上述正式组织控制、群体控制和自我控制措施的采用取决于组织对其成员的教育和吸引力,或者说取决于组织文化。有效的管理控制系统应该综合利用这三种控制措施。

3. 直接控制与间接控制

直接控制,从字面理解是指通过控制者与被控制者直接接触而进行控制的形式。现代组织管理活动中,人们把直接控制理解为通过行政手段进行的控制。由于行政命令往往比较简单、直观,因此在实际的组织管理活动中需要考虑到其应用范围界限,否则直接控制可能起到不好的效果。

间接控制,从字面理解是指控制者与被控制者之间并不直接接触,而是通过中间媒介进行控制的形式。在企业内部将奖金与绩效挂钩的分配政策,运用思想政治工作手段形成良好风气,都可以有效地控制人们的行为,这都属于间接控制。

2.4.3　有效控制的特点

对组织活动进行监测调节的手段可以不同,但要做到有效地监测调节,需要注意以下有效控制的特点。

1. 准确性

准确性要求监测的信息要准确,调节的手段也要准确。

2. 适时性

适时性要求监测调节必须及时,尤其要注意防止滞后现象,如果监测信息滞后,调节手段滞后,则可能造成不可弥补的损失。

3. 经济性

经济性要求监测调节进行成本和效益的比较,为了达到目标,不惜一切代价地进行控制,未必合适。

4. 灵活性

灵活性要求监测调节的手段不能一成不变,而要随机应变。

5. 通俗性

通俗性要求监测调节手段应简明易懂,便于组织成员掌握。

6. 关键性

关键性要求监测调节从战略高度把握问题,把监测调节的重点放在易出偏差且对全局影响大的关键性活动上。

2.4.4 作业

1. 计划的制订和执行在时空上相对分离,只有依靠_____,才能防止或纠正执行中的偏差,把计划落到实处。同时,内外情况的变化,需要管理者及时对原计划做必要的调整,避免计划僵化。

　　A. 检查计划　　　　B. 控制　　　　　　C. 领导协调　　　　D. 组织

2. 控制过程包括_____,衡量实际业绩,发现偏差,纠正偏差。

　　A. 依据计划制订控制目标　　　　　　B. 依据计划制订控制方向

　　C. 依据计划制订控制内容　　　　　　D. 依据计划制订控制标准

3. 管理控制有_____个环节和_____个步骤。

　　A. 两/三　　　　　B. 一/三　　　　　　C. 三/两　　　　　D. 三/一

4. 管理控制步骤为_____。

　　A. 测度　　　　　B. 比较　　　　　　C. 调节　　　　　D. 以上都对

5. 下列属于预防性控制的是_____。

　　A. 制定法律　　　B. 规章制度　　　　C. 工作程序　　　D. 以上都对

6. _____取决于组织对其成员的教育和吸引力,或者说取决于组织文化。

　　A. 正式组织控制　B. 群体控制　　　　C. 自我控制　　　D. 以上都对

7. 一个职工不愿意把集体的财物据为己有,称之为_____。

　　A. 预防性控制　　B. 更正性控制　　　C. 群体控制　　　D. 自我控制

8. 通过行政手段进行的控制是_____。

　　A. 直接控制　　　B. 间接控制　　　　C. 预防性控制　　D. 更正性控制

9. 通过中间媒介进行的控制是_____。

　　A. 直接控制　　　B. 间接控制　　　　C. 预防性控制　　D. 更正性控制

10. 有效控制的特点有_____。

　　①准确性　　　　②适时性　　　　　　③经济性　　　　④灵活性

　　⑤通俗性　　　　⑥关键性

　　A. ①②③④　　　　　　　　　　　　B. ①②③⑤

　　C. ①②③④⑥　　　　　　　　　　　D. ①②③④⑤⑥

任务 2.5　激　　励

激励本是心理学的概念,表示人的行为起因。管理学中的行为学派将激励引入管理学,视激励为管理职能之一,并赋予其新的含义。激励是创造满足组织成员各种需要的条件,激发组织成员的工作动机,使之产生实现组织目标的特定行为的过程。

2.5.1　激励理论

1. 一般需要理论

人的行为是由动机支配的,而动机又是由人的需要引起的。未满足的需要是激励过程的起点,形成动机,经过有目标的行为,达到需要的满足,这就是激励的过程,如图2-16所示。

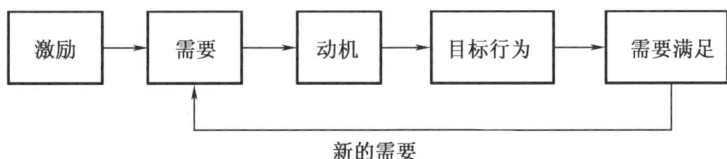

```
激励 → 需要 → 动机 → 目标行为 → 需要满足
         ↑_____|
              新的需要
```

图2-16　激励的过程

当然,人在具体时刻的需要可能有多个,其中最强烈的需要引发动机,而多个动机中的最强烈动机导致目标行为。一个需要一经满足,其强烈度随即降低,而其他需要则凸现强势,形成新的未满足需要,由此认为激励是对人的需要,进而对人的行为动机的诱导。

2. 需要层次理论

在上述一般需要理论的基础上,美国心理学家马斯洛(A. Maslow)提出了需要层次论。该理论内容有三个要点:

第一,人的需要分为五个层次。

(1)生存的需要,包括衣食住行等最基本的需要。

(2)安全的需要,包括生命安全、职业安全、财产安全、心理安全等免受危险的需要。

(3)社交的需要,包括得到以及给予他人友爱、支持和信任等情感的需要。

(4)尊重的需要,包括自尊心以及从他人处得到尊重的需要。

(5)自我实现的需要,指实现个人理想、最大限度地发挥个人潜力并获得成功的需要,是最高层次的需要。

第二,五种需要之间存在着递进的关系。马斯洛认为,一般来说人的五种需要由低到高依次排列成一个阶梯,五种需要递进关系如图2-17所示。当低层次的需要获得相对满足后,下一个较高层次的需要才能占据主导地位,成为驱动行为的主要动机。任何人在某个时刻总会有一个主导需要。

第三,人与人之间的需要结果存在差异。人们的五种需要常常是同时存在的,只是每一种需要的强度不同,即需要结构有差异性。用横坐标长短表示需要强度,大致可划分为五种典型需要结构,如图2-18所示。

3. 双因素理论

双因素理论是由美国心理学家郝茨伯格(F. Herzberg)提出来的。通过调查,他发现人们在工作中不满意的因素大多与工作环境有关,如公司政策、监督、人与人之间关系、工作条件及工资等,这类因素可以称为"保持因素";人们在工作中感到满意的因素大多与自身工作有关,如成就、重视程度、晋升、责任和工作本身等,这类因素可以称为"激励因素"。郝茨伯格认为"保持因素"不能直接起到激励职工的作用,但能防止职工产生不满情绪,因而需要保持。只有激励因素才能使职工产生满意的情绪,激励职工的工作积极性。双因素理论为我们对不同因素对人的作用提供了一个新的视角,提醒我们要注意运用激励因素。

图 2-17　五种需要递进关系　　　　　图 2-18　五种典型需要结构

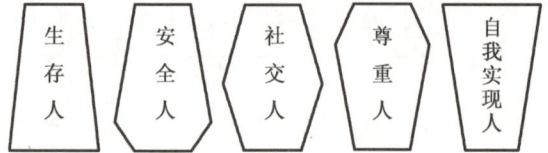

4. 期望理论

期望理论是由美国心理学家弗鲁姆(V. H. Vroom)提出的。其基本观点是:人们在预期他们的行动有助于达到某种目标时,才会被激励起来去做某些事情以实现目标。他认为,激励是一个人某一行为的期望价值和那个人认为将会达到某目标的概率之乘积。用公式表示:

$$动力 = 效价 × 期望值$$

动力是一个人所受激励的程度,效价是一个人对某一成果的偏好程度,而期望值是某一特别行动会导致一个预期成果的概率。公式表明,当一个人对达到某一目标漠不关心时,效价为零;而当一个人不想达到某一目标时,效价为负,结果当然是毫无正面动力。同样,期望值如果是零或负值,则人们也会无动力去达到某一目标。因此,为了激励组织成员,主管人员应当一方面提高职工对某一成果的偏好程度;另一方面帮助员工实现其期望值,即提高期望概率。

2.5.2　激励方法

激励的方法多种多样,在此仅列出一些有普遍意义的精神激励方法。

1. 目标激励

组织目标是号召和指引千军万马的旗帜,是凝聚力的核心,预示着组织的未来,能够在理想和信念层次上激励组织成员。

2. 荣誉激励

荣誉是满足人们自尊需要、激发奋进力量的重要手段。荣誉激励对象既可以是个人,也可以是集体,实际中应灵活运用。三国时代的诸葛亮和刘备都是荣誉激励的高手,诸葛亮具有"凤翱翔于千仞兮,非梧不栖;士伏处于一方兮,非主不依"的事业心,才会被刘备一句"大丈夫抱经世奇才,岂可空老于林泉之下"而打动。刘备打下汉中,推辞称帝时,诸葛亮以"方今天下分崩,英雄并起,各霸一方,四海才德之士,舍生忘死而事其上者,皆欲攀龙附凤,建立功名也,今主公避嫌守义,恐失众人之望",劝诫刘备要稳固人心就要让众人看到希望。

3. 形象激励

一个人通过视觉感受的信息,占全部信息量的80%。因此,可通过光荣榜、图片展、电视等媒介,表彰先进,从而激发职工的光荣感、成就感,形成榜样的力量。

4. 感情激励

感情激励是通过与职工的感情沟通,尊重职工、关心职工,与职工建立平等亲和的感情,从而激发职工的主人翁责任感。曹操与刘备都善于感情激励,曹操在半夜听说许攸来投奔自己,连鞋子都顾不得穿上就跑出营帐去迎接,到了寨中,"先拜于地",其对贤才的重视可比刘备的"三顾茅庐"。长坂坡之战,赵云万军之中救出阿斗,刘备愤怒地将孩子掷于地上,说"为汝这孺子,几损我一员大将"。且不论刘备的真心有几分,但他所表现出的爱护下属的形象,绝对达到了抚慰人心、凝情聚力的效果。

5. 内在激励

内在激励是靠工作本身激励职工,它通过增加工作的创造性、挑战性,使工作内容丰富多彩,以调动职工的积极性。例如实行人与工作的双向选择、工作轮换,进行"工作设计"等。

6. 参与激励

让职工在不同层次、不同深度上参与组织的决策,吸取他们的正确意见,使职工形成对组织的归属感、认同感。常见的形式包括班组民主管理、"诸葛亮会"等。

2.5.3　激励原则

1. 物质激励与精神激励相结合原则

物质激励是基础,精神激励是根本,两者应有机结合,拜金主义和唯意志论都是片面的。

2. 外激励与内激励相结合原则

人的行为既受内因驱动,又受外因影响。要善于将外激励和内激励相结合,以内激励为主,尤其是激发职工高层次需要和深层次动机,使其内心深处焕发出对工作的热情和动力。

3. 正激励与负激励相结合原则

正、负激励各自针对不同行为,采取表扬和奖励、批评和惩罚的办法,在组织管理中,正、负激励都是必要的。但鉴于负激励有一定的消极作用,容易导致挫折心理和行为,应该慎用。正激励与负激励相结合时,应坚持以正激励为主。

4. 按需激励原则

激励的起点是满足职工需要,但需要是存在个体差异和具有动态性的,只有因人而异并且能满足最迫切需要的措施,其激励强度才大。因此,进行激励时,必须深入调查研究,不断了解职工需要层次和需要结构的变化,有针对性地采取激励手段,才有实效。

5. 民主公正原则

民主是公正的保证,也是激励的根本要求。在制定激励制度、奖惩方案时,应吸收职工参与和监督,最大限度地保证公正。公正就是赏罚分明且适度,既不能无功受禄或有功无奖;也不能无过挨整或大过轻罚。

激励微课

2.5.4 作业

1. 马斯洛认为,人类的需要可分为_____。

①生理的需要 ②安全的需要

③社交的需要 ④自尊的需要

⑤自我实现的需要

A. ①②③④ B. ①②③④⑤

C. ①②③ D. ②③④⑤

2. "双因素理论"是指_____。

A. 生理、安全因素 B. 保健、激励因素

C. 成功、激励因素 D. 现实、梦想因素

3. 以下不属于保持因素的是_____。

A. 金钱 B. 安全 C. 成就 D. 人际关系

4. 关于激励的原则,以下错误的是_____。

A. 在激励机制中,设置目标是一个关键环节

B. 物质激励与精神激励相结合

C. 以正激励为主,负激励为辅

D. 以外在激励为主,内在激励为辅

5. 激励的方法多种多样,行之有效的方法有_____。

①目标激励 ②荣誉激励 ③形象激励 ④内在激励

⑤参与激励 ⑥感情激励 ⑦榜样激励 ⑧危机激励

⑨组织文化激励

A. ①②③④⑤ B. ①②③④⑤⑥⑦

C. ①②③④⑤⑥⑦⑧ D. ①②③④⑤⑥

6. 在激励中,领导者应善于将外在激励与内在激励相结合,以_____为主,力求取得事半功倍的效果。

A. 物质激励 B. 精神激励 C. 内在激励 D. 外在激励

7. 采取激励的措施,_____是行之有效的激励方法。

①目标激励 ②奖罚激励 ③评比、竞赛、竞争激励

④榜样激励 ⑤正激励与负激励 ⑥参与激励 ⑦感情激励

A. ①②③⑦ B. ①②③④⑥⑦ C. ①②③④⑤⑥ D. ①②③④⑤⑥⑦

8. 属于赫茨伯格的双因素理论中激励因素的是_____。

A. 成就 B. 监督 C. 安全 D. 工作环境

9. 根据马斯洛的需要层次理论,人类的需要分为_____。

A. 生理的需要、安全的需要、社交的需要、自尊的需要

B. 生理的需要、安全的需要、社交的需要、自尊的需要,以及自我实现的需要

C. 生理的需要、安全的需要、自尊的需要,以及自我实现的需要

D.生理的需要、安全的需要、社交的需要，以及自我实现的需要

10.激励是一门科学，正确的激励应遵循_____的原则。

①组织目标与个人目标相结合　　②物质激励与精神激励相结合

③外在激励与内在激励相结合　　④正激励与负激励相结合

⑤按员工需要激励　　　　　　　⑥坚持民主公正

A.①②③④　　　　　　　　　　B.①②③④⑤⑥

C.①②③④⑤　　　　　　　　　D.②③④⑤⑥

任务2.6　通信与沟通

2.6.1　通信

通信是指人与人或人与自然之间通过某种行为或媒介进行的信息交流与传递。广义上指需要信息的双方或多方在不违背各自意愿的情况下采用任意方法、任意媒介，将信息从某方准确安全地传送到其他方。

1.通信的基本环节

需求：请求向接收方发送消息，发送方收集和安排消息的内容。

发送：有效传送消息。

应答：接收方回答消息，并确认媒介和干扰情况。

接收：接收方理解消息，如果不能完全理解，请求发送方做进一步澄清。

反馈：确认收到消息，并必要地反馈给发送方。

完成：通信完成并终止。

2.通信的基本信息

通信中信息是交流的主体。信息的内容应包括"6W1H"，它们分别是：

why——通信的意图；

who——通信的对象；

what——通信的内容；

which——通信的传递方式；

when——通信的时间；

where——通信的地点；

how——通信的效果。

3.通信的基本要求

完整性、连贯性、简洁性和准确性。

4.通信的基本方法

要实现准确通信，尽量做好"说、听、问"三个环节。"说"就是提出的主张要明确；"听"是指接受方要听清楚，耐心聆听；"问"是指通信双方对没有明确的事情要及时地询问质疑。

5.提高通信效率的措施

通信应有明确的目标;改变设备的处所,用物理方法减少干扰;避免注意力分散;通信技能培训;使用共同语言;达成共同协议;交流信息、思想和情感。

2.6.2　船内通信系统

船内通信系统主要有船用电话(图2-19)、车钟、船内应急警报系统三种类型。《钢质海船入级规范》规定各种不同用途的船内通信装置,其声响信号应有不同的音色,以便于辨别。

1. 船用电话

《钢质海船入级规范》要求下列处所(驾驶室—机舱;驾驶室—应急操舵站及舵机舱;驾驶室—火警信号站及消防设备集中控制站、船首船尾;驾驶室—无线电室等)以电话为通信工具时,则应为声力电话(图2-20)或蓄电池供电的指挥电话。

对于船用电话通信系统的使用与管理,要注意以下几点:

第一,目前建造的大型船舶中,都有对讲(直通)电话系统、指挥电话系统和自动电话系统。平时的维护重点应是前两种,因为它们结构简单、接通迅速、工作可靠,多作为船舶指挥联络之用,与船舶航行安全直接相关。

第二,必须消除话机的侧音,以免受话方不能正确理解另一方的意图,影响指挥联络的效果。

第三,自动电话拨号时从话机送出的是脉冲信号,不是拨号时用劲越大、速度越快,越容易接通。

图2-19　船用电话　　　　图2-20　声力电话

2. 车钟

为了传达驾驶员的车速命令,控制船舶速度,船上在驾驶室、机舱集控室和主机机侧操纵台旁,各设一个车钟设备,如图2-21~图2-22所示。车钟的两面各有圆形钟面,上面印有各种速度标志,钟面中央有一指针,针上装有可以前后摇动的扳手。如果在有两部推进器的船上,则右边的车钟代表右舷的推进主机,左边的车钟代表左舷的推进主机。

小船上的车钟多为链条式,由人工操纵,比较笨重。较大型的船舶一般都安装轻便的电传令钟(电车钟)。车钟是用于传送改变主机转速的发令和回令装置,主要使用在船舶航行特别是机动航行用车时。

图 2 - 21　驾驶台车钟

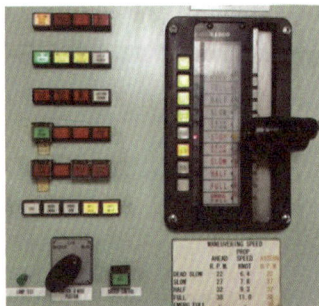

图 2 - 22　集控室车钟

车钟使用时需要注意以下事项：

第一，按照指挥人员的命令，正确摇动车钟并复述命令，且按规定在车钟记录簿上记录，车钟记录簿用完后不得销毁，应存船备查。

第二，备车时应校对驾驶室和机舱车钟。

第三，紧急倒车时，驾驶台可连续两次将车钟拉到倒车位置，机舱应立即执行。

第四，改变车速时，应及时观察转速表所指的数值(转数)。

3. 舱内应急警报系统

舱内应急警报系统有全船性警报系统和局部性警报系统。全船性警报系统通常挂接火灾自动警报系统(图 2 - 23)、烟火探测自动警报系统、手动火警按钮和驾驶台警报器等。局部性警报系统主要有主机、舵机、供电、锅炉等故障自动警报系统；用于通知机舱值班人员的值班呼叫警报系统；用于机舱释放二氧化碳前通知机舱人员立即撤离的警报系统。除上述的声光警报系统(图 2 - 24)外，船上还使用汽笛和有线广播报警。必要时，船钟、铜锣、口哨等均可用于报警。船员应熟悉各种形式的警报，以免延误宝贵的应急时机。机舱设备发出的报警信号一般为声、光两种信号。值班人员先确认警报，消声，保留灯光信号，再排除故障。弃船信号的发出是船舶在海上出现紧急情况时，驾驶台连续向机舱发出完车信号，通知机舱人员迅速撤离。

图 2 - 23　船用火灾自动警报系统

图 2 - 24　机舱声光报警器

2.6.3 沟通

不同的行为主体通过各种载体实现信息的双向流动,形成行为主体的感知,以达到特定目标的行为过程。需要特别强调的是,沟通是信息双向流动的过程,需要由信息的传递和反馈来共同组成。如果只有信息从发送者到接受者的传递,而没有反馈,通常意义上意味着沟通的失败或无效。

中国古代人才辈出,不乏善于沟通的能人。在我看来,敢于犯颜进谏的魏征便很好地掌握了沟通的技巧与智慧。常言伴君如伴虎,而作为直言进谏的大臣,魏征却能屡屡犯颜进谏甚至触怒天颜却最终相安无事,甚至让唐太宗甚为赏识。这虽然与唐太宗的圣明以及皇后的贤德密不可分,但更重要的是,魏征懂得如何进谏,虽是直言,却不失道理、字字珠玑。沟通是一门智慧,而这种在封建社会面对皇权却仍能达到自己目的的下对上的沟通,更包含了相当大的智慧。

有一次,唐太宗问魏徵:"历史上的人君,为什么有的人明智,有的人昏庸?"魏征说:"多听听各方面的意见,就明智;只听单方面的话,就昏庸(原文是'兼听则明,偏听则暗')。"他还举了历史上尧、舜和秦二世、梁武帝、隋炀帝等例子,说:"治理天下的人君如果能够采纳下面的意见,那么下情就能上达,他的亲信要想蒙蔽也蒙蔽不了。"唐太宗连连点头说:"你说得多好啊!"

又有一天,唐太宗读完隋炀帝的文集,跟左右大臣说:"我看隋炀帝这个人,学问渊博,也懂得尧、舜好,桀、纣不好,为什么干出事来这么荒唐?"魏征接口说:"一个皇帝光靠聪明渊博不行,还应该虚心倾听臣子的意见。隋炀帝自以为才高,骄傲自信,说的是尧、舜的话,干的是桀、纣的事,到后来糊里糊涂,就自取灭亡了。"

1. 沟通的组成

人与人的沟通过程包括输出者、接受者、信息、渠道等四个主要因素。沟通过程如图 2 – 25 所示。

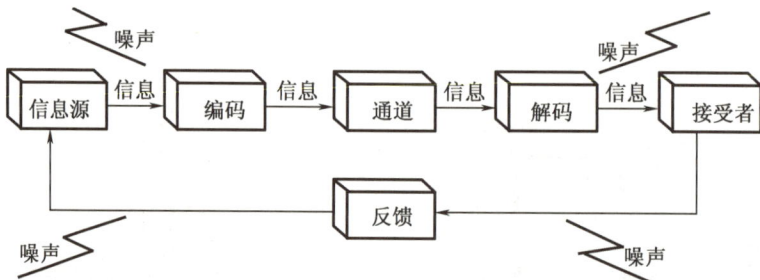

图 2 – 25 沟通过程

信息的输出者就是信息的来源,必须充分了解接受者的情况,以选择合适的沟通渠道以利于接受者的理解。要顺利地完成信息的输出,必须对编码(encoding)和解码(decoding)两个概念有基本的了解。编码是指将想法、认识及感觉转化成信息的过程。解码是指信息的接受者将信息转换为自己的想法或感觉的过程。

接受者是指获得信息的人。接受者必须从事信息解码的工作,即将信息转化为他所能了解的想法和感受。这一过程要受到接受者的经验、知识、才能、个人素质以及对信息输出者的期望等因素的影响。

信息是指在沟通过程中传给接受者(包括口语和非口语)的消息,同样的信息,输出者和接受者可能有着不同的理解,这可能是输出者和接受者的差异造成的,也可能是由于输出者传送了过多的不必要信息。

沟通渠道是信息得以传送的载体,可分为正式或非正式的沟通渠道、向下沟通渠道、向上沟通渠道、水平沟通渠道。

2. 沟通的作用

通过沟通可以交流信息和获得感情与思想。人们在工作、娱乐、居家、买卖时,或者希望和一些人的关系更加稳固和持久时,都要通过交流、合作、达成协议来达到目的。

在沟通过程中,人们分享、披露、接收信息,沟通信息的内容可分为事实、情感、价值取向、意见观点。沟通的目的可分为交流、劝说、教授、谈判、命令等。

综上所述,沟通的主要作用有两个:

第一,传递和获得信息。信息的采集、传送、整理、交换,无一不是沟通的过程。通过沟通,交换有意义、有价值的各种信息,生活中的大小事务才得以开展。

第二,改善人际关系。沟通与人际关系两者相互促进、相互影响。有效的沟通可以赢得和谐的人际关系,而和谐的人际关系又使沟通更加顺畅。相反,人际关系不良会使沟通难以开展,而不恰当的沟通又会使人际关系变得更坏。

3. 沟通的意义

沟通是维系组织存在,保持和加强组织纽带,创造和维护组织文化,提高组织效率、效益,支持、促进组织不断进步发展的主要途径。有效沟通可以让我们高效率地把一件事情办好,让我们享受更美好的生活。善于沟通的人懂得如何维持和改善相互关系,更好地展示自我需要、发现他人需要,最终赢得更好的人际关系和成功的事业。

有效沟通的意义可以总结为以下几点:

第一,满足人们彼此交流的需要;

第二,使人们达成共识、有更多的合作;

第三,降低工作的代理成本,提高办事效率;

第四,能获得有价值的信息,并使个人办事更加井井有条;

有效沟通

第五,使人进行清晰的思考,有效把握所做的事。

4. 沟通的种类

在沟通过程中,根据沟通符号的种类,沟通分为语言沟通和非语言沟通,语言沟通又包括书面沟通与口头沟通;根据是否是结构性和系统性的,沟通分为正式沟通和非正式沟通;根据沟通在群体或组织中传递的方向,沟通分为自上而下沟通、自下而上沟通和平行沟通;根据沟通中的互动性,沟通分为单向沟通与双向沟通;从发送者和接受者的角度,沟通分为自我沟通、人际沟通与群体沟通。

5.沟通的基本模式

语言沟通:语言是人类特有的一种非常好的、有效的沟通方式。语言的沟通包括口头语言、书面语言、图片或者图形。

肢体语言的沟通:肢体语言非常丰富,包括动作、表情、眼神。实际上,在我们的声音里也包含着非常丰富的肢体语言。我们在说每一句话的时候,用什么样的音色去说,怎样抑扬顿挫地去说等,这都是肢体语言的一部分。

语言更擅长沟通信息,肢体语言更善于沟通人与人之间的思想和情感。

6.沟通的技巧

《哈佛人力资源管理》介绍了以下几种沟通技巧。

倾听技巧:倾听能鼓励他人倾吐他们的状况与问题,而这种方法能协助他们找出解决问题的方法。倾听技巧是有效影响力的关键,而它需要相当多的耐心与全神贯注。

气氛控制技巧:安全而和谐的气氛,能使对方更愿意沟通。如果沟通双方彼此猜忌、批评或恶意中伤,将使气氛紧张,加速彼此心理设防,使沟通中断或无效。

推动技巧:推动技巧是用来影响他人的行为,使进程逐渐符合我们的议题。有效运用推动技巧的关键,在于以明白具体的积极态度,让对方在毫无怀疑的情况下接受你的意见,并觉得受到激励,想完成工作。

2.6.4　轮机部内部沟通

1.值班期间

(1)值班轮机员应告知其他值班人员有关对机器的潜在危险情况,以及危及人命和船舶安全的情况。

(2)值班轮机员应将保证安全值班的一切适当指示和信息告知值班人员,日常的机器保养工作应纳入值班日常工作制度之内。

(3)在进行一切预防性保养、损害控制或维修工作时,值班轮机员应与负责维修工作的轮机员合作。

(4)值班轮机员应记住,为使船舶和船员的安全免遭任何威胁,在船舶推进系统发生故障引起速度变化或停止运转、舵机瞬间失灵或失效、机舱发生火灾、电站发生故障或类似这种威胁安全的其他情况时,应立即通知驾驶台。这种通知如有可能,应在采取行动之前完成,以便驾驶台有充分的时间采取一切可能的措施来避免可能发生的海难。

(5)在交班前,值班轮机员应将值班中有关主、辅机发生的事情完整记录下来,并提醒接班人员注意。

(6)出现紧急情况时,拉响警报并采取一切可能的措施避免船舶及其货物和船上人员遭受损害。

2.值班交接

在交接班前,值班轮机员应向接班轮机员告知以下事项。

(1)当日的常规命令,有关船舶操作、保养工作、船舶机械或控制设备修理的特殊命令。

(2)所有机构和系统进行修理工作的性质、涉及的人员以及潜在的危险。

（3）使用中的舱底污水或残渣柜、压载水舱、污油舱、粪便柜、备用柜的液位高度及状态，以及对其中贮存物的使用或处理的特殊要求。

（4）有关卫生系统处理的特殊要求。

（5）移动式或固定式灭火设备以及烟火探测系统的状况和备用情况。

（6）获准从事机器修理的人员，其工作地点和修理项目，以及其他获准上船的人员和需要的船员。

（7）有关船舶排出物、消防要求，特别是在恶劣天气即将来临时船舶的准备工作等方面的港口规定。

（8）船上与岸上人员可使用的通信线路，包括万一发生紧急事件或要求援助时与水上安全监督机关的通信线路。

（9）其他有关船舶、船员、货物和安全以及防止环境污染等重要情况。

（10）轮机部造成环境污染时，向水上安全监督机关报告的程序。

接班轮机员在承担值班任务前，应对交班轮机员告知的上述事项充分满意，同时还应注意以下事项。

（1）熟悉现有的和可能有的电热、水源及其分配情况。

（2）了解船上的燃油、润滑油及一切淡水供给的可用程度和情况。

（3）尽可能地将船舶及机器准备妥当，以便在需要时备车或应对紧急状况。

3. 通知轮机长

发生紧急情况或对于采取什么措施和决定无把握时，值班轮机员应立即通知轮机长。

2.6.5　机舱与驾驶台的沟通

1. 开航前

（1）船长应提前24小时将预计开航时间通知轮机长；如停港不足24小时，应在抵港后立即将预计离港时间通知轮机长；轮机长应向船长报告主要机电设备情况、燃油和炉水存量；如开航时间变更，须及时更正。

（2）开航前1小时，值班驾驶员应会同值班轮机员核对船钟、车钟、试舵等，并分别将情况记入航海日志（图2-26）、轮机日志（图2-27）及车钟记录簿（图2-28）。

图2-26　航海日志　　　　图2-27　轮机日志　　　　图2-28　车钟记录簿

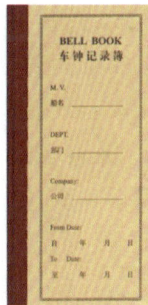

（3）主机冲车前，值班轮机员应征得值班驾驶员同意。待主机备妥后，机舱应通知驾驶台。

2. 航行中

（1）每班下班前，值班轮机员应将主机平均转速和海水温度告知值班驾驶员，值班驾驶员应回告本班平均航速和风向风力，双方分别记入航海日志和轮机日志；每天中午，驾驶台和机舱校对时钟并互换正午报告。

（2）船舶进出港口，通过狭水道、浅滩、危险水域或抛锚等须备车航行时，驾驶台应提前通知机舱准备。如遇雾或暴雨等突发情况，值班轮机员接到通知后应尽快备妥主机。判断将有风暴来临时，船长应及时通知轮机长做好各种准备。

（3）如因等引航员、候潮、等泊等原因须短时间抛锚，值班驾驶员应将情况及时通知值班轮机员。

（4）因机械故障不能执行航行命令时，轮机长应组织抢修并通知驾驶台速报船长，并将故障发生和排除时间及情况记入航海日志和轮机日志。停车应先征得船长同意，但若情况危急，不立即停车就会威胁主机或人身安全时，轮机长可立即停车并通知驾驶台。

（5）轮机部如调换发电机、并车或暂时停电，应事先通知驾驶台。

（6）在应变情况下，值班轮机员应立即执行驾驶台发出的信号，及时提供所要求的水、气、汽、电等。

（7）船长和轮机长共同商定的主机各种车速，除非另有指示，值班驾驶员和值班轮机员都应严格执行。

（8）船舶在到港前，应对主机进行停、倒车试验，当无人值守的机舱因情况需要改为有人值守时，驾驶台应及时通知轮机员。

（9）抵港前，轮机长应将本船存油情况告知船长。

3. 停泊中

（1）抵港后，船长应告知轮机长本船的预计动态，以便安排工作，动态如有变化应及时联系；机舱若需检修影响动车的设备，轮机长应事先将工作内容和所需时间报告船长，取得同意后方可进行。

（2）值班驾驶员应将装卸货情况随时通知值班轮机员，以保证安全供电。在装卸重大件或特种危险品或使用重吊之前，大副应通知轮机长派人检查起货机，必要时还应派人值守。

（3）如因装卸作业造成船舶过度倾斜，影响机舱正常工作时，轮机长应通知大副或值班驾驶员采取有效措施予以纠正。

（4）对船舶压载的调整，以及可能涉及海洋污染的任何操作，驾驶和轮机部门应建立起有效的联系制度，包括书面通知和相应的记录。

（5）每次添装燃油前，轮机长应将本船的存油情况和计划添装的油舱以及各舱添装数量告知大副，以便计算稳性、水尺和调整吃水差。

2.6.6　轮机部与公司的通信和沟通

1.轮机部向公司主管部门报送

（1）各种机务报表和维修保养计划执行情况报告。

（2）机舱备件、物料的申领、入库、消耗和库存报表。

（3）机电动力设备事故报告。

（4）有关船机状态的报告。

（5）有关设备安全和性能的特殊情况报告。

2.公司机务部门与轮机部的沟通

（1）审核、确认机舱的备件、物料、油料、修理、检验等申请,批注要求的供船时间、地点和其他相关的要求。

（2）搜集最新生效的公约、规则、规范和船旗国、港口国等外部组织的最新要求,及时通报船舶,提示船舶注意相关的营运安全问题。

（3）确认以下方面是否需提供岸基支持:备件、物料、油料、临时修理或计划修理、证书检验、PSC 检查。

（4）在登轮时,听取轮机长的工作汇报,对提出的问题在职权范围内做出合理的解释,阐明本人登轮的工作任务和需要船方配合的事项。

（5）调查了解主要干部船员的技术状况和人员的配合情况、思想状况。

（6）检查船舶维修保养情况,根据船舶的实际状况,布置下阶段工作,并提交轮机长书面确认。

（7）搜集船舶应报送的各种机务报表,在可能情况下审阅并提出意见。

（8）检查船舶的 SMS 运行情况,尤其是各种档案、报表、报告的归档与保管情况。

2.6.7　轮机部与加燃油人员沟通

1.加油前轮机长与供应代表联系事项

（1）燃油的规格、品种、数量是否符合要求。

（2）确定加油的先后顺序。

（3）最大泵油量(监督添装过程中泵油速度)及其控制方法。

（4）加油过程中的双方联系方法。

（5）加油泵应急停止方法。

（6）加油开始前(图 2–29),轮机长应亲自或指派主管轮机员检查油驳或油罐的检验合格证和规范图表,弄清油驳的舱位分布及数量,与供油方代表一起测量并记录供油油驳的所有油舱或油罐的油位、油温和密度,计算出储油量;审核驳船装单,若发现不一致,须当即弄清;要核对并记录流量计的初始读数,若为油罐车供油,则应检查其铅封是否完好;双方确认后,轮机长在供方提交的加油前状况确认书上签字。

（7）加油开始前,应提请供油方按正确方法提取油样,并监督取样装置的安装及调整。

（8）检查本船各有关阀门开关是否正确,各项工作准备妥善后,即可通知供方开始供油,并记录开泵时间。

2.加油中

(1)在全部加油过程中(图2-30),监督加油速度是否符合约定速度,必要时与供方联系调整。

(2)轮机长或主管轮机员应使用油样提取装置,在加油全过程中点滴取样,加油完毕后摇匀(约30 s),均分成2~3 份,由双方代表现场铅封瓶口,再将有双方签字的标签贴在瓶上。

图2-29　加油前

图2-30　加油中

3.加油后

若加油发生争议,轮机长应与供应代表交涉,并告知船长,待解决后再在加油收据上签字。若现场双方不能通过协议解决,轮机长不要在加油收据上签字,也暂不要让供方代表及油驳等离开现场。如果船期允许,可以通过代理申请第三方实施公证检验,对双方的油舱、油舱的容积标尺、油泵的流量计及泵油管路等进行检验、测算,做出裁决,同时将此情况报告公司,公证检验时,我方轮机长及主管轮机员须在现场。如果船期不允许,则轮机长必须在加油收据上加批注(供方不同意加批注时,可写书面声明并由双方代表签字),并将此情况通知供油公司,同时上报公司,验船费用将由败诉方承担。

2.6.8　轮机部与备件物料人员沟通

当接收物料时(图2-31),轮机人员首先确保供应人员准确无误地理解采购内容,包括型号、色泽、数量、质量要求、供货进度等。其次,与供应人员的沟通一定要充分并形成文字记录,既然是沟通,就切忌将自己的主观意识强加给供应人员,所以协商时,要善于引导供应人员积极配合。与供应人员打交道,最忌"以为"两字。很多事就犯在"以为"上:"以为"他听懂了、"以为"他收到了、你"以为"他知道、他"以为"你知道、"以为"没有问题、"以为"不会出事、"以为"能按时交货,不是吗? 一解释起来,全是"以为",就是没有确认,最终不能确定,怎么讲也讲不清。而充分有效地沟通才能保证主观上出错的概率最低。把能讲的事讲完、讲到位,并形成双方确认的书面记录,出了事,是谁犯错一目了然。

图2-31　接收物料

2.6.9　作业

1. 一个完整的通信过程包括_____。

A. 需求、发送　　　　B. 应答、接收　　　　C. 反馈、完成　　　　D. 以上都是

2. 船内通信系统主要有船用电话、_____、广播与警报装置三种类型。

A. 对讲机　　　　B. 高频电话　　　　C. 车钟　　　　D. 手机

3. 通常下列_____系统不是局部性警报系统。

A. 主机、舵机、供电、锅炉等的故障自动警报系统

B. 烟火探测自动警报系统

C. 用于通知机舱值班人员的值班呼叫警报系统

D. 用于机舱释放二氧化碳前通知机舱人员立即撤离的警报系统

4. 《钢质海船建造规范》规定，下列_____处所之间应该为直通电话。

A. 驾驶室—消防设备集中控制站　　　　B. 驾驶室—机舱

C. 驾驶室—火警信号站　　　　D. 驾驶室—无线电室

5. 以下属于全船性警报系统的是_____。

A. 主机、舵机故障自动警报系统

B. 机舱值班人员的值班呼叫警报系统

C. 手动火警按钮

D. 机舱释放二氧化碳前通知人员撤离的警报系统

6. 在有两部推进器的船上，下列说法正确的是_____。

A. 右边的车钟代表右舷的推进主机，左边的车钟代表左舷的推进主机

B. 左边的车钟代表右舷的推进主机，右边的车钟代表左舷的推进主机

C. 右边的车钟代表左舷的推进主机，左边的车钟代表左舷的推进主机

D. 左边的车钟代表右舷的推进主机，右边的车钟代表右舷的推进主机

7. _____不是沟通应具备的基本条件。

A. 沟通必须在两个或两个以上人之间进行

B. 沟通必须有一定的沟通客体，即沟通情况等

C.沟通必须有传递信息情报的一定手段,如语言、文字等

D.沟通必须有一定的沟通方式

8.以下属于正确的沟通分类的是_____。

①正式沟通与非正式沟通

②上行沟通、下行沟通和平行沟通

③单向沟通和双向沟通

④口头沟通和书面沟通

A.①③　　　　B.②③④　　　　C.①③④　　　　D.①②③④

9.有效沟通须具备的必要条件是_____。

①信息发送者清晰地表达信息的内涵,以便信息接收者能确切理解

②信息发送者重视信息接收者的反应并根据其反应及时修正信息的传递,免除不必要的误解

③信息接收者能够根据信息发送者传达的信息内涵做出正确的反应

A.①②③　　　　B.①②　　　　C.②③　　　　D.①③

10.备车时应校对驾驶室的机舱车钟,下列说法不正确的是_____。

A.先用电话与机舱联系

B.摇动驾驶室车钟至各个速度的位置,看机舱回令是否指在所要求的速度位置上

C.车钟校对完毕后置于"停车"位置

D.转车、冲车、试车完毕后置于"停车"位置,表示车已备妥

项目3 轮机部团队

【知识目标】理解团队的含义;掌握高效团队的主要特征;掌握团队成员的类型;理解团队精神的含义;掌握培育轮机部团队精神的方法。

【能力目标】能正确地认识不同类型的团队成员在团队中的作用;能建立一支高效的轮机部团队;轮机部团队具有团队精神。

【素质目标】具有热爱航海、投身航海事业的高尚情怀。

任务3.1 团 队

3.1.1 团队的含义

所谓团队,指的是具有不同知识、技术、技能、技巧,拥有不同信息,相互依赖紧密的一流人才所组成的一种群体。团队有以下几个重要的构成要素。

1. 目标

团队应该有一个既定的目标,能为团队成员导航,知道要向何处去,没有目标这个团队就没有存在的价值。

2. 人

人是构成团队最核心的力量,3 人(包含 3 人)以上就可以构成团队。目标是通过人员具体实现的,所以人员的选择是团队中非常重要的一个部分。在一个团队中可能需要有人出主意,有人制订计划,有人实施,有人协调不同的人一起工作,还有人去监督团队工作的进展、评价团队最终的贡献。不同的人通过分工来共同完成团队的目标,在人员选择方面要考虑人员的能力如何,技能是否互补,人员的经验如何。

3. 团队定位

团队的定位包含团队和个体的定位。团队定位是指团队在组织中处于什么位置,由谁选择和决定团队的成员,团队最终应对谁负责,团队采取什么方式激励下属? 个体的定位是指作为成员在团队中扮演什么角色,是制订计划还是具体实施或评估?

4. 权限

团队当中领导人权力的大小跟团队的发展阶段相关,一般来说,团队越成熟领导者所拥有的权力相应越小,在团队发展的初期阶段领导权相对比较集中。团队权限关系的两个方面:一方面,整个团队在组织中拥有什么样的决定权,比如财务决定权、人事决定权、信息决定权;另一方面,组织的基本特征,比如组织的规模多大,团队的数量是否足够多,组织对于团队的授权有多大,它的业务是什么类型。

5. 计划

计划的两层含义:一是目标最终的实现,需要一系列具体的行动方案,可以把计划理解成目标的具体工作的程序。二是提前按计划进行可以保证团队的顺利进度。只有在计划的操作下团队,才会一步一步地贴近目标,从而最终实现目标。

3.1.2 高效团队的主要特征

1. 清晰的目标

高效的团队对所要达到的目标有清楚地了解,并坚信这一目标包含着重大的意义和价值。而且,这种目标的重要性还激励着团队成员把个人目标升华到群体目标中去。在有效的团队中,成员愿意为团队目标做出承诺,并清楚地知道希望他们做什么工作,以及他们怎样共同工作从而完成任务。

2. 相关的技能

高效的团队是由一群有能力的成员组成的。他们具备实现理想目标所必需的技术和能力,而且相互之间有能够良好合作的个性品质,从而出色完成任务。后者尤其重要,但却常常被人们忽视。有精湛技术能力的人并不一定就有处理群体内关系的高超技巧,高效团队的成员则往往兼而有之。

3. 相互的信任

成员间相互信任是有效团队的显著特征,也就是说,每个成员对其他人的品行和能力都深信不疑。我们在日常的人际关系中都能体会到,信任这种东西是相当脆弱的,它需要花大量的时间去培养而又很容易被破坏。而且,只有信任他人才能换来他人的信任。

组织文化和管理层的行为对形成相互信任的群体内氛围很有影响。如果组织崇尚开放、诚实、协作的办事原则,同时鼓励员工参与,那么它就比较容易形成信任的环境。

4. 一致的承诺

高效的团队成员对团队表现出高度的忠诚和承诺,为了能使群体获得成功,他们愿意去做任何事情。我们把这种忠诚和奉献称为一致的承诺。对成功团队的研究发现,团队成员对他们的群体具有认同感,他们把自己属于该群体的身份看作自我的一个重要方面。因此,承诺一致的特征表现为对群体目标的奉献精神,愿意为实现这一目标而调动和发挥自己的最大潜能。

5. 良好的沟通

毋庸置疑,良好的沟通是高效团队一个必不可少的特点。群体成员通过畅通的渠道交流信息,包括各种言语和非言语信息。此外,管理层与团队成员之间健康的信息反馈也是良好沟通的重要特征,它有助于管理者指导团队成员的行动,消除误解。就像一对已经共同生活多年、感情深厚的夫妇那样,高效团队中的成员能迅速而准确地了解彼此的想法和情感。

6. 谈判技能

以个体为基础进行工作设计时,员工的角色由工作说明、工作纪律、工作程序及其他一些正式文件明确规定。但对于高效的团队来说,其成员角色具有灵活多变性,总在不断地进行调整。这就需要成员具备充分的谈判技能。由于团队中的问题和关系时常变化,成员必须能面对和应付这种情况。

7.恰当的领导

恰当的领导者能够让团队跟随自己共同度过最艰难的时期,因为他能为团队指明前途所在。他们向成员阐明变革的可能性,鼓舞团队成员的自信心,帮助他们更充分地了解自己的潜力。优秀的领导者不一定非得指示或控制团队,高效团队的领导者往往担任的是教练和后盾的角色,他们为团队提供指导和支持,但并不试图去控制它。这不仅适用于自我管理团队,当授权给小组成员时,它也适用于任务小组、交叉职能型的团队。对于那些习惯于传统方式的管理者来说,这种从上司到后盾的角色变换,即从发号施令到为团队服务——实在是一种困难的转变。当前,很多管理者已发现这种新型的权力共享方式的好处,或通过领导培训逐渐意识到它的益处,但仍然有些脑筋死板、习惯于专制方式的管理者无法接受这种新概念,这些人应当尽快转换自己的老观念,否则就将被取而代之。

8.内外部支持

支持要成为高效团队的最后一个必需条件就是它的支持环境。从内部条件来看,团队应拥有一个合理的基础结构。这包括适当的培训、一套易于理解的用以评估员工总体绩效的测量系统,以及一个起支持作用的人力资源系统。恰当的基础结构应能支持并强化成员行为以取得高绩效水平。从外部条件来看,管理层应给团队提供完成工作所必需的各种资源。

3.1.3　团队作用

组织在组建团队之前,必须明确组建团队的目的,团队只是手段而不是目标。团队的作用主要表现在两个方面:一是更好地完成组织任务;二是更好地满足个体人员的心理需求。团队主要通过以下途径满足成员的心理需求:

(1)获得安全感,个体在团队中可免于孤独、寂寞、恐惧等。

(2)满足自尊的需要,个体在团队中的地位,如受人欢迎、受人尊重、受人保护、被承认有存在价值等,都能满足个体自尊的需要。

(3)增强自信心,在团队中通过成员相互沟通交流,得到一致的意见或看法,可使团队成员将某些不明确、没有把握的看法弄明白,从而增强自信心。

(4)增强力量感,个体在团队中与其他成员相互支持、相互帮助、相互依存,能使个人具有力量感。

(5)团队还可以成为进行有效信息沟通的窗口,团队成员可以利用各种正式和非正式渠道互通信息,加强与各方面的沟通联系。

(6)团队还能协调人际关系,促进成员之间的相互激励,团队可以有针对性地做好成员的思想工作,化解隔阂和矛盾,促进成员间思想和感情的交流,团结互助完成团队目标。

(7)团队还有制约个体不良行为的功能,改变个体的不良行为,如果单纯从个体出发,往往效果不佳。可以借助团队的影响和压力,从外在舆论、环境上对个体进行约束和改造。

3.1.4 团队角色

从团队成员性格和行为的角度可以将团队成员分成以下八种类型。

1. 实干者

角色描述:实干者非常现实、传统甚至有点保守,他们崇尚努力,计划性强,喜欢用系统的方法解决问题;实干者有很好的自控力和纪律性,对团队忠诚度高,为团队整体利益着想而较少考虑个人利益。

典型特征:有责任感、高效率、守纪律,但比较保守。

作用:由于其可靠、高效率及处理具体工作的能力强,因此在团队中作用很大;实干者不会根据个人兴趣而是根据团队需要来完成工作。

优点:有组织能力、务实,能把想法转化为实际行动;工作努力、自律。

缺点:缺乏灵活性,可能阻碍变革。

2. 协调者

角色描述:协调者能够引导一群不同技能和个性的人向着共同的目标努力。他们代表成熟、自信和信任,办事客观,不带个人偏见;除权威之外,更有一种个性的感召力。在团队中能很快发现各成员的优势,并能在实现目标的过程中妥善运用。

典型特征:冷静、自信、有控制力。

作用:擅长领导一个具有各种技能和个性特征的群体,善于协调各种错综复杂的关系,喜欢平心静气地解决问题。

优点:目标性强,待人公平。

缺点:个人业务能力可能不会太强,比较容易将团队的努力归为己有。

3. 推进者

角色描述:说干就干,办事效率高,自发性强,目的明确,有高度的工作热情和成就感;遇到困难时,总能找到解决办法;推进者大都性格外向且干劲十足,喜欢挑战别人,好争端,而且一心想取胜,缺乏人际的相互理解,是一个具有竞争意识的角色。

典型特征:挑战性、好交际、富有激情。

作用:是行动的发起者,敢于面对困难,并义无反顾地加速前进;敢于独自做决定而不介意别人的反对。推进者是确保团队快速行动的最有效成员。

优点:随时愿意挑战传统,厌恶低效率,反对自满和欺骗行为。

缺点:有挑衅嫌疑,做事缺乏耐心。

4. 创新者

角色描述:创新者拥有高度的创造力,思路开阔,观念新,富有想象力,是"点子型的人才"。他们爱出主意,其想法往往比较偏激和缺乏实际感。创新者不受条条框框约束,不拘小节,难守规则。

典型特征:有创造力,个人主义,非正统。

作用:提出新想法和开拓新思路,在项目刚刚启动或陷入困境时,创新者通常显得非常重要。

优点:有天分,富于想象力,智慧,博学。

缺点:好高骛远,不太关注工作细节和计划,在与别人合作本可以得到更好的结果时,却喜欢过分强调自己的观点。

5.信息者

角色描述:信息者经常表现出高度热情,是一个反应敏捷、性格外向的人。他们的强项是与人交往,在交往的过程中获取信息。信息者对外界环境十分敏感,一般最早感受到变化。

典型特征:外向、热情、好奇、善于交际。

作用:有与人交往和发现新事物的能力,善于迎接挑战。

优点:有天分,富于想象力,智慧,博学。

缺点:当初的兴奋感消逝后,容易对工作失去兴趣。

6.监督者

角色描述:监督者严肃、谨慎、理智、冷血质,不会过分热情,也不易情绪化。他们与群体保持一定的距离,在团队中不太受欢迎。监督者有很强的批判能力,善于综合思考谨慎决策。

典型特征:冷静、不易激动、谨慎、精确判断。

作用:监督者善于分析和评价,善于权衡利弊来选择方案。

优点:冷静、判别能力强。

缺点:缺乏超越他人的能力。

7.凝聚者

角色描述:是团队中最积极的成员,他们善于与人打交道,善解人意,关心他人,处事灵活,很容易把自己同化到团队中。凝聚者对任何人都没有威胁,是团队中比较受欢迎的人。

典型特征:合作性强,性情温和,敏感。

作用:凝聚者善于调和各种人际关系,在冲突环境中其社交和理解能力会成为资本;凝聚者信奉"和为贵",有他们在的时候,人们能协作得更好,团队士气更高。

优点:随机应变,善于化解各种矛盾,促进团队合作。

缺点:在危机时刻可能优柔寡断,不太愿意承担压力。

8.完美者

角色描述:具有持之以恒的毅力,做事注重细节,力求完美;他们不大可能去做那些没有把握的事情;喜欢事必躬亲,不愿授权;他们无法忍受那些做事随随便便的人。

典型特征:埋头苦干,守秩序,尽职尽责,易焦虑。

作用:对于那些重要且要求准确性高的任务,完美者起着不可估量的作用;在管理方面崇尚高标准严要求,注意准确性,关注细节。

优点:坚持不懈,精益求精。

缺点:容易为小事而焦虑,不愿放手,甚至吹毛求疵。

从以上的描述可知:实干者善于行动,团队中如果缺少实干者,则会太乱;协调者善于寻找合适的人,团队中如果缺少协调者,则领导力不强;推进者善于让想法立即变成行动,团队中如果缺少推进者,则工作效率将会不高;创新者善于出主意,团队中如果缺少创新者,则思维会受到局限;信息者善于发掘最新"情报",团队中如果缺少信息者,则信息会比较封闭;监督者善于发现问题,团队中如果缺少监督者,则工作绩效不稳定,甚至可能大起大落;凝聚者善于化解矛盾,团队中如果缺少凝聚者,则人际关系将会变得紧张;完美者强调细节,团队中如果缺少完美者,则工作会比较粗糙。

团队微课

3.1.5 作业

1.团队的构成要素主要有_____。

①目标　　　　　　②人　　　　　　③团队定位

④权限　　　　　　⑤计划

A.①②③④　　　B.①②④⑤　　　C.①③④⑤　　　D.①②③④⑤

2.团队成员的角色类型主要有_____。

①实干者、协调者　　　　　　②推进者、创新者

③信息者、监督者　　　　　　④凝聚者、完美者

A.①②③④　　　B.①②④　　　C.①③④　　　D.②③④

3.团队成员可分为八种类型,其中实干者的缺点是_____。

A.当初的兴奋感消逝后,容易对工作失去兴趣

B.在危机时刻可能优柔寡断,不太愿意承担压力

C.容易为小事而焦虑,不愿放手,甚至吹毛求疵

D.缺乏灵活性、可能阻碍变革

4.团队中如果缺少协调者,则_____。

A.工作效率将会不高　　　　　　B.人际关系将会变得紧张

C.领导力不强　　　　　　D.工作会比较粗糙

5.高效团队具有的特征主要有_____。

①清晰的目标　②内部支持和外部支持　③相互的信任　④一致的承诺

⑤良好的沟通　⑥有效的领导

A.①②③④⑥　　　　　　B.①②④⑤⑥

C.①③④⑤⑥　　　　　　D.①②③④⑤⑥

6.高效团队的根本保证是_____。

A.激发中低水平的恶性冲突　　　　　　B.解决冲突

C.避免冲突　　　　　　D.激发良性冲突

7.在团队发展过程中,团队领导的支持作用不包括_____。

A.帮助团队成员发展技能

B.帮助团队成员获取相关知识

C.不直接参与团队成员的工作,任由他们自由发挥

D.促进组织目标和团队目标的实现

8.可以归纳为"压力下的责任"的轮机部团队工作在条件常常_____的环境中。

A.任意改变   B.任意突变   C.易于突变   D.易于改变

任务 3.2 轮机部团队精神

3.2.1 团队精神

团队精神是大局意识、协作精神和服务精神的集中体现,核心是协同合作,反映的是个体利益和整体利益的统一,进而保证组织的高效率运转。团队精神的形成并不要求团队成员牺牲自我,相反,挥洒个性、表现特长保证了成员共同完成任务目标,而明确的协作意愿和协作方式则产生了真正的内心动力。

团队精神在中国女排姑娘身上获得了充分体现。1981 年 11 月 16 日,中国女排首夺世界冠军,第二天《人民日报》用头版头条进行报道。当天刊发的评论员文章《学习女排,振兴中华》中,第一次提出了向女排姑娘学习,在现代化建设中发扬女排精神,振兴中华。正是因为中国女排有"团结协作、顽强拼搏、永不言弃"的精神,才造就了她们的辉煌,才使她们的光荣事迹感动到了一代又一代的中国人民。郎平自己也谈过女排精神,她写过一篇名为《奋斗精神永不过时》的文章:"在我的字典里,女排精神包含着很多层意思。其中特别重要的一点,就是团队精神。"正是因为女排身上燃烧的团队精神,从 1981 年到 1986 年,女排荣获"五连冠"佳绩。

1.团队精神在船舶上的体现

第一,良好的团队精神可以防止事故的发生,有益于安全工作。事故的发生有多方面因素,人的因素占很大的成分,大家相互协作,取长补短,彼此提醒,事故就一定会大幅度减少。

第二,良好的团队精神有助于增加船员之间互相沟通、交流,实现船舶的准班、节能增效目标。降本增效不是一句空洞的口号,需要大家共同努力、共同钻研才能够取得显著效果。

第三,良好的团队精神可以促进船员个人事业的发展。每个人在工作上都可能遇到这样或那样的问题,如果和周围的人经常沟通,就会及时化解一些矛盾,解决相关的问题,对自己的个人业务也会有促进和帮助,一旦有了发展的机遇也能很好地把握。

第四,良好的团队精神可以健全人格,完善、提高个人素质。集体中的每个人各有各的长处和缺点,只有融入这个团队,才会发现对方的美,同时也能在比较中看到自己的不足,逐步培养自己求同存异、与人为善的素质,形成良性循环。在日常生活中,培养良好的与人相处的心态,并在日常生活中运用,不仅是培养团队精神的需要,也是获得人生快乐的重要方法。

2.轮机部团队精神的培育

在船舶上打造良好的团队精神,其特殊性要求我们每一个人都要承担起责任,齐心协力,众志成城。

第一，要营造一个相互信任的氛围。彼此信任是最坚实的基础，它会增加我们对船舶的认可，让大家在心理上有充分的安全感，才能真正把"以船为家"的观念落实下来。

第二，要建立合理有效的沟通机制。多一些沟通、交流，始终抱着合作的心态，多理解别人的苦衷，多设身处地为别人想一想，要懂得以恰当的方式同他人合作，用恰当的方式让别人接受，学会被别人领导和领导别人，这样工作起来就会得心应手、事半功倍了。

第三，要强化业务知识以及敬业精神的学习和提高。态度并不能解决所有的问题，远洋船员不仅要有高度的责任感、良好的敬业精神，同时还应该有丰富的技能，多一些某方面的专长，能够帮助别人解决问题。帮助别人的同时也是在帮助自己，使别人快乐的同时也使自己快乐。

第四，要重视船舶管理人员的带头作用。"火车跑得快，全靠车头带"。管理干部的行为有着极强的示范意义。他们应该注意自己的言行举止，有宽广的胸怀和长者的风范，懂得关心和体恤下属，有包容之心，能够营造大家庭的环境。

3.2.2　作业

1. 以下不属于团队精神内容的是_____。

A. 团队的纪律性　　　　　　　　B. 团队的凝聚力

C. 团队高昂的士气　　　　　　　D. 团队合作的意识

2. 下列不属于良好的团队精神在船舶上的体现的是_____。

A. 良好的团队精神可以预防事故的发生，有益于安全工作

B. 良好的团队精神有助于增加船员之间互相沟通、交流，实现船舶的准班、节能增效目标

C. 良好的团队精神可以促进公司人员事业的发展

D. 良好的团队精神可以健全人格，完善提高个人素质

3. 要在船舶上打造良好的团队精神，首先_____。

A. 要营造一个互相信任的氛围

B. 要建立合理有效的沟通机制

C. 要强化业务知识、敬业精神的学习和提高

D. 要强化船舶管理人员的带头作用

4. 团队精神的核心是_____，反映的是个体利益和整体利益的统一。

A. 团结一致　　　　　　　　　　B. 互相帮助

C. 坦诚对待　　　　　　　　　　D. 协同合作

5. 以下错误是_____。

A. 良好的团队精神可以健全人格，完善提高个人素质

B. 良好的团队精神并不能降低事故发生的概率

C. 良好的团队精神可以促进船员个人事业的发展

D. 良好的团队精神有助于增加船员之间相互沟通、交流，实现船舶的准班、节能增效目标

6.关于团队精神的阐述,以下错误的是_____。

A.团队精神的核心是协同合作,反映的是个体利益和整体利益的统一

B.良好的团队精神可以充分发挥集体的潜能

C.团队精神是以牺牲自我为前提的

D.有团队精神的团队,团队成员的个人智商可能是100,但加在一起的团队智商可能达到150甚至更高

7.团队精神简单来说就是_____的集中体现。

A.大局意识　　　B.协作精神　　　　　C.服务精神　　　　　D.以上都是

项目 4　人为失误及预防

【知识目标】理解人为失误的定义;掌握人为失误的分类;理解人为失误是交通事故产生的重要因素之一;理解情景意识的含义;掌握情景意识的构成及培养情景意识的方法。

【能力目标】时刻保持良好的情景意识,能运用情景意识有效地预防事故的发生。

【素质目标】具有热爱航海、投身航海事业的高尚情怀。

任务 4.1　人　为　失　误

4.1.1　人为失误定义

人为失误(human error)是指某一特定系统中的操作人员在完成任务的过程中意识、判断、行为等出现错误,导致不能做出适合当时环境和情况的操作或操作没有达到预期的目的,从而导致人的行为没有足够的能力处理当前的情况而使系统运行失常。

根据上述对人为失误的定义,现将海上交通事故中人为失误定义如下:船舶在航行过程中船员采取了不恰当的决策或行动,致使船舶航行安全系数降低或发生安全隐患。常见的海上交通事故为碰撞、搁浅等,如图 4 – 1 ~ 图 4 – 2 所示。

4.1.2　人为失误的分类

(1)极限失误——导致操作失败的一种程序上的失误。

(2)设计失误——设计不周引起的失误。

(3)操作失误——因操作不正确引起工作失误、程序上的失误,包括使用错误的程序、使用不当的工具,也包括动机上的失误。

(4)记忆与注意失误——忘记、看错、想错等。

(5)过程失误——确认失误、解释失误、判断失误,以及操作过程中的失误。

4.1.3　海上交通事故中人为失误的影响因素分析

根据日本海难审判厅对 4 800 起海难事故的事故原因统计,可将海上交通事故中人为失误的影响因素概括为环境因素、人为因素、组织管理以及人机界面。

图 4 - 1　碰撞

图 4 - 2　搁浅

1. 环境因素

环境是系统的重要组成部分,人机交互总是处在一个特定的环境中,来自环境的扰动总会诱发人为失误的产生,像核电、煤矿、军工这些复杂人机系统,其环境因素既有共性又有特性。根据上述领域的经验,结合海上交通事故的特点,环境影响因素分为以下三部分:

第一部分,恶劣的自然环境,例如船舶在波涛汹涌的大海上航行,如图 4 - 3 ~ 图 4 - 4 所示,操作人员的生理和心理承受巨大的压力,极易引发人为失误。

第二部分,工作环境直接影响人的绩效输出以及行为可靠性,如工作环境存在噪声、振动等。

第三部分,环境具有不确定性,环境突变需要操作人员采取切实有效的措施来维持系统的正常运行,在这个过程中,人极易受到思维、经验等因素的影响,造成人员可靠性降低。

图 4 - 3　波涛汹涌的大海

图 4 - 4　风浪中的船舶

2. 人为因素

操作者是人机系统中人机交互的主体,受生理活动、心理活动,以及知识、经验等因素的影响,表现为随机性、时变性以及自适应性。本节将海上交通事故中的人为因素分为如下几个方面。

第一方面,生理因素是影响轮机人员行为输出的最基础的人为因素,航行过程中的感知、决策和执行都是依靠机体来完成的。轮机人员的观察能力、思维反应能力以及处理问题的能力往往会受到疲劳程度、体能状况和药物酒精的影响,同时记忆差错、视觉误区以及注意力的局限性等生理弱点也极易引发人为失误。

第二方面,心理因素通过影响生理因素,进而间接影响人为失误的发生概率。不良的心理因素包括侥幸心理、走捷径心理、逞能心理、逆反心理以及冒险心理,这些心理往往会干扰轮机人员的注意力和反应能力,引发人为失误事件的产生。

第三方面,技能素质包括专业知识水平、实际操作能力以及工作经验,专业知识体现在决策过程中,操作能力体现在执行过程中,而工作经验贯穿于整个认知活动,任何一项疏漏都极易引发人为失误。

第四方面,认知因素包括认知功能局限和态度动机不良,认知功能局限性体现在记忆力存在时限性,注意力无法每时每刻集中以及人的感觉存在阈限等;态度动机不良表现在责任心不强,缺乏职业道德,安全意识薄弱等。

人为因素微课

3.组织管理

据统计,超过50%的人为失误事件是由组织管理不当引起的。组织管理因素主要包括以下几个方面。

第一方面,组织规范是指设定系统内的统一标准,规范系统操作人员的行为,保证系统的有序运行。有效地组织规范能够激发操作人员的积极性,使操作人员更好地投入工作中。

第二方面,组织功能主要体现在组织目标、组织权利、组织协调和组织心理四个方面。组织目标是衡量一个班组的绩效能力,好的组织目标能够指引班组人员的前进方向;相反,如果组织目标失效,就会使班组成员凝聚力下降,导致人为事故的发生。

组织权利是指赋予班组成员一定的权利、责任和义务,使系统内权责分明、分工明确,如果组织权利不明,则会导致越权行事、遇事相互推诿等情况的发生。

组织协调是指协调好各方的职能,保证各方利益,保证系统的正常运行。

组织心理是指如果组织运行良好,成员会获得极大的成就感和满足感,进而更好地融入工作中;如果组织心理失效,则会使成员缺乏归属感,极易导致成员心理失衡,引发人为失误。

第三方面,组织沟通是指组织和组织之间、组织内成员与成员之间的信息交流。良好的交流沟通能够及早地发现潜在的问题,协调采取合理的措施,避免人为事故的发生。

第四方面,组织文化是指组织在形成发展过程中逐步形成的适合组织自身的氛围、文化和价值体系,这里尤指组织安全文化。良好的组织文化有利于提高成员的责任心和安全意识,自觉遵守规章制度,降低人为失误的概率。

第五方面,教育培训是指通过对操作人员进行知识、技能的传授,以达到适应新形势下行业发展的需求。良好的知识、技能能够保证操作人员在危急关头从容应对,减少人为失误的产生。

第六个方面,组织安排主要包括人员配备和任务划分,人员配备最好达到人尽其才,比如较细致的工作需要严谨认真的成员来完成;任务划分至少要做到任务分配明确,在执行任务过程中,既不存在交叉又不存在空余。

4.人机界面

人机界面是人机系统中操作人员完成任务的客体,操作人员的行动意图在很大程度上依赖人机界面的有效性、完善性得以实施,人机界面设置不合理将严重影响系统的可靠性,诱发人为事故的发生。人机界面主要表现为设备特性和任务特性。

(1)设备特性

设备主要包括显示设备(图4-5)和控制设备(图4-6),操作人员可以通过前者了解设备仪器的运行状况,通过后者使自己的行动意图得以实现。显示设备是通过模拟式显示还是通过数字式显示,将直接影响操作人员的读数精确性和困难性;显示设备的布局合理性将直接影响操作人员获取信息的效率和质量;显示信息的充分性和准确性将直接影响操作人员对当前态势的判断,这些因素都极易引发人为失误。控制设备的自动化水平越高,操作人员所涉及的执行动作就越少,人为失误的发生概率就会越低;同时,对控制设备进行合理布局,也将会降低操作人员的工作负荷,减少人员的误操作。

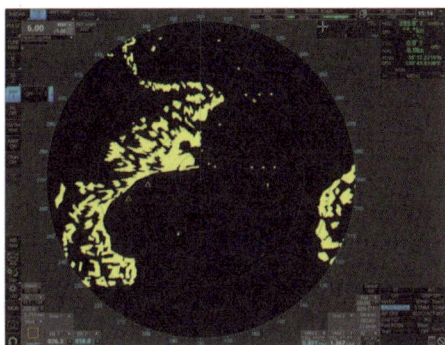

图4-5　显示设备

图4-6　控制设备

(2)任务特性

任务分为单任务和多任务。单任务对人为失误的影响主要表现在任务的可用时间、任务的复杂性、任务的新颖性。可用时间越短,操作人员越容易紧张,进而无法做出科学合理的决策;任务的复杂性增加了操作人员的工作负荷,操作人员需要根据不同的操作规程,借助多种工具手段来完成,大大增加失误的概率;任务的新颖性往往会使操作人员一时手足无措,没有现成的规程、经验可供参考,只能探索地采取措施,这样往往会因为考虑不全面引发失误。

多任务诱发人为失误主要表现在任务的数量以及任务的相关性。多重任务增加了操作人员的工作负荷,极易引发疏忽、遗忘,造成任务顾此失彼,相反,如果任务在时间、空间上存在矛盾,操作人员很难同时妥善处理所有的任务。

4.1.4 作业

1. 人为失误的分类_____。

A. 解释失误　　　　B. 判断失误　　　　C. 确认失误　　　　D. 记忆与注意失误

2. 以下属于人为失误的是_____。

①极限失误　　　　②设计失误　　　　③操作失误　　　　④记忆与注意失误

A. ①②③　　　　　B. ②③④　　　　　　C. ①②④　　　　　　D. ①②③④

3. 关于"人为失误的分类"叙述中,下列哪项错误的是_____。

A. 操作失误是指操作不正确引起工作失败、程序上的失败,包括使用错误的程序,使用不当的工具也包括动机上的失误

B. 设计失误是指导致操作失败的一种程序上的失误

C. 记忆与注意失误是指忘记、看错、想错等

D. 过程失误是指确认失误、解释失误、判断失误,以及操作过程中的失误

4. 可将海上交通事故中人为失误的影响因素概括为_____。

①环境因素　　　　②人为因素　　　　③人机界面　　　　④组织管理

A. ①②③　　　　　B. ②③④　　　　　　C. ①②④　　　　　　D. ①②③④

5. 影响海运安全的气象海况条件包括_____。

①能见度　　　　　②洋流　　　　　　③潮汐　　　　　　④风(浪)

A. ①②③　　　　　B. ②③④　　　　　　C. ①②④　　　　　　D. ①②③④

6. 1997 年 6 月 23 日,海上安全委员会和海洋环境委员会经过与有关国家专家的长期研究联合发布了_____,将海上事故中人为因素的主要表现归纳为五点。

A. 船舶配员中的疲劳因素和安全　　　　B. 海事中人为因素调查指南

B. 海事调查员示范教程　　　　　　　　D. 人为因素统一术语

7. 海上事故中人为因素的主要表现为_____。

①人的行为能力降低　　　　　②海上环境　　　　　③安全管理

④营运　　　　　　　　　　　⑤脑力劳动　　　　　⑥体力劳动

A. ②③④　　　　　　　　　　　B. ①②③④

C. ②③④⑤⑥　　　　　　　　　D. ③④⑤

任务 4.2　情景意识

4.2.1　情景意识的定义

情景意识概念最早用于航空领域,飞行员把影响飞机飞行的内部和外部的所有信息进行收集,运用专业知识进行分析,把可能出现的情况进行合理预测,从而及时采取纠偏措施,规避可能出现的不良情况。这个概念后来被引入船舶机舱资源管理中,泛指轮机人员对现在发生的事情进行控制,对将要发生的事情进行预测,从而在没有酿成事故之前,把事

态控制在可控范围内,即把事故消灭在萌芽状态。机舱情景意识的引入,对防止人为失误造成的事故起到了很好的控制作用。

4.2.2 情景意识的构成

机舱情景意识主要由下面几个要素组成。

1. 理论学习和实践经验

一个人的学识越渊博,情景意识就越高。理论学习、实践经验和严格训练都是积累知识的途径。船舶在海上航行时,由轮机值班人员、机舱机械设备、海洋环境组成一个完整的情景意识场景。轮机人员通过对运行设备的温度控制、声音辨别、状态观察、异味辨识和相关参数的控制,使其处于一个正常的状态,对不正常情况进行辨识、分析,及时处置。经验总结与严格的训练是情景意识的重要组成部分。

2. 领悟能力和操作水平

领悟能力和操作水平直接影响情景意识。领悟能力是把机舱里的设备参数、正常标准、故障前兆等要素完全理解,在大脑中对即将出现的异常情况进行预判。操作水平是把异常情况进行实际处理的过程,直接关系到轮机人员是否能把偏离正常工作状态的设备恢复到原来的状态。

3. 健康身体和心理

机舱的环境复杂而恶劣,要想保持有效的值班,首先要有一个健康的身体,并保证充足的休息时间,以保证在值班期间有充足的精力去完成繁重的值班任务。其次健康的心理也很重要,每一名机舱值班人员都要求有坚定的意志、认真的态度、满腔的热情和高尚的道德水准。这是每个轮机人员具有良好情景意识的基础。

4. 适应能力与注意力

海上情况多变对机舱影响很大,尤其是大风浪等恶劣海况,使得船员的休息受到了严重的干扰。机舱故障多发于恶劣海况的条件下,要求人员具有高度的警惕性,所以适应能力和注意力就成为情景意识的重要组成部分。

5. 管理水平与领导能力

机舱资源管理是机舱人员对人员、设备、环境的综合管理,其目的是消除人的不安全行为、物的不安全状态和管理上的不安全因素。良好的管理水平与领导能力能使轮机团队有更好的凝聚力与战斗力,因此好的情景意识一定要包含管理水平和领导能力。

4.2.3 情景意识的培养

船舶机舱资源管理通过领导层的组织,全体船员的具体实施,形成上有安排、下有响应的互动系统。机舱资源管理情景意识的发挥需要轮机值班人员把所学知识进行充分理解和融会贯通,并付诸行动。良好情景意识的养成需要同时拥有丰富的理论知识和过硬的实践能力。良好情景意识的培养应该从理论和实践两个方面同时进行。

1. 轮机理论知识的学习

理论知识是指导实践的基础。没有丰富理论知识的积累,在事故隐患面前我们只会束手无策,更谈不上运用情景意识来预防事故的发生。所以,情景意识的培养离不开丰富理论知识的学习。轮机人员必须掌握扎实的理论知识,清楚各种设备的正常运行参数、故障预兆、应急处置等相关知识,才能在复杂的情况下做出正确的判断。

2. 轮机管理的关联研究

机舱是一个复杂的环境,各种资源之间有着或多或少的关联。机舱内部各种机械关联,机舱和甲板部关联,机舱和外界环境也要相互关联。要保证正常营运,就要处理好机舱各系统之间的关系、机舱与驾驶台之间的关系、机舱与海洋环境的关系等。每个事故的发生往往是由很多因素共同作用导致的,所以厘清轮机管理中的关联,对情景意识的培养非常关键。

3. 良好的工作态度的养成

一个人对工作的态度,会直接在工作的质量中体现出来。良好的工作态度体现在对这份工作的热爱,能够倾注满腔热情,具有高度的责任心、积极主动的态度、认真负责的作风。具有良好工作态度的人员可以通过微小的前兆,去预测将要发生的事故,进而采取恰当的措施,将事故消灭在萌芽状态。所以,良好的工作态度是培养情景意识的重要保证。

4. 注意力的合理分配和特殊情景的预想

机舱中信息量非常大。在值班期间,轮机人要对这些庞大的信息量进行分析,既要兼顾全局,又要把握重点,这需要极大的精力。一个人的精力是有限的,如何把有限的注意力进行合理的分配,如何在特殊情景下对可能发生的情况进行合理预测,是进行机舱情景意识培养的重要环节。

5. 典型案例的学习

海难事故的发生,往往给人们留下深刻的印象。轮机人员通过对过去发生的典型案例反复观看,进行深入的原因分析和经验总结,可以在遇到相同或类似的情景下,迅速做出反应,快速地提高自身的情景意识水平。实践表明,大脑对影像资料的刺激会更加敏感,记忆的时间会更长。对典型案例的学习,对于轮机人员情景意识的培养不失为一个捷径。

情景意识微课

4.2.4 作业

1. 关于情景意识的描述正确的是_____。

①对现在发生的事情进行控制 ②对将要发生的事情进行预测

③把事态控制在可控范围内 ④将事故消灭在萌芽状态

A.①②③④ B.①②④

C.①③④ D.①②③

2._____是情景意识培养的重要保证。

A. 良好工作态度的形成 B. 轮机知识的积累

C. 重视注意力的分配 D. 加强轮机管理的关联研究

3._____直接影响情景意识。

A. 领悟能力和技术水平　　　　　　　B. 健康身体和心理

C. 适应能力和注意力　　　　　　　　D. 管理水平和领导能力

4. _____是具有良好情景意识的基础。

A. 领悟能力和技术水平　　　　　　　B. 健康身体和心理

C. 适应能力和注意力　　　　　　　　D. 管理水平和领导能力

5. _____成为情景意识的重要组成部分。

A. 领悟能力和技术水平　　　　　　　B. 健康身体和心理

C. 适应能力和注意力　　　　　　　　D. 管理水平和领导能力

6. 良好的管理水平与领导能力能使轮机团队有更好的凝聚力与战斗力,因此好的情景意识一定要包含_____。

A. 领悟能力和技术水平　　　　　　　B. 健康身体和心理

C. 适应能力和注意力　　　　　　　　D. 管理水平和领导能力

7. 机舱管理中情景意识的培养主要包括以下几方面_____。

①轮机理论知识的学习　　　　　　　②轮机管理的关联研究

③良好的工作态度的养成　　　　　　④注意力的合理分配

⑤做好轮机管理中特殊情景的预想　　⑥典型案例的学习

A. ①②③④　　　　　　　　　　　　B. ①②④⑤

C. ①③④⑥　　　　　　　　　　　　D. ①②③④⑤⑥

8. _____是情景意识的重要组成部分。

A. 经验总结与严格的训练　　　　　　B. 健康身体和心理

C. 适应能力和注意力　　　　　　　　D. 管理水平和领导能力

9. 厘清_____,对情景意识的培养非常关键。

A. 轮机管理的关联研究　　　　　　　B. 良好的工作态度养成

C. 轮机理论知识的学习　　　　　　　D. 特殊情景的预想

任务4.3　人为失误的预防

4.3.1　加强船员的安全意识,坚持预防为主的原则

安全是船舶营运的核心要素,是船舶管理的重要内容。安全意识是一种自觉意识,即遇到某种情况时,会不假思索地按相关的法律、法规、规章办事。这种意识要通过严格训练和反复灌输才能养成。船员端正安全态度是保证船舶安全营运的基本前提,只有具备正确的安全意识,才能具备良好的安全态度,从而正确调控自身的行为,避免侥幸心理。作为船公司、航海院校或船员培训机构,应该把培养船员的安全意识放在船员教育和培训的首要位置,使船员主动防御安全隐患。坚持预防为主的原则,就是要不断地研究和掌握事故发生的规律,提前采取防范措施,要防患于未然,把事故消灭在萌芽状态。必须把重点放在治理事故的致因上,如果知识不足,就要及早学习和教育,提高船员的知识水平,使之能适应

管理系统的需要,如果技术不足就要通过科学的训练来培养提高等。

4.3.2 改善人、机、环境系统安全状况,提高系统整体的可靠性

保证机械设备、电气仪表的制造安装质量,提高日常检修维护水平,消除装置设备和电气仪表的隐患。采取科学的手段来弥补人的不足,防止误操作造成事故。如重要设备或工艺过程,要有紧急停车和放空泄压的安全连锁装置;对重要安全设施要采用限位开关、声光报警信号和自动停车功能;对易发生人身伤害的转动设备、危险设施等危害场所安装防护罩、防护栏、警戒线和警示标志。

不断提高系统本质安全化程度,当发生误操作时,系统应给出提示或警报,或有防范误操作的执行功能;改善、优化人机界面状况以及环境因素,从而达到提高系统安全性的目的。

4.3.3 培养船员良好的心理素质

船员长期在海上工作和生活,反复面对同样的面孔,信息得不到交流,单调的海上生活使人沉默寡言,情绪烦躁不稳定、易激动。为适应这种特殊的工作、生活环境,应付各种突发事件,要求船员必须具有健康的体魄和旺盛的精力。船员要掌握一定的运动知识,利用各种手段科学地锻炼身体,养成良好的生活习惯和锻炼习惯,建立良好的自身调节能力,丰富自己的生活。

狭窄的生活空间,特殊的工作条件及值班制度,复杂多变的气象条件、时差,意想不到的突发事件,都要求船员具备良好的心理素质。在航海理论知识、实际操作技能和心理素质三者中,心理素质至关重要。良好的心理状态能使人心情愉快、精神饱满、头脑清醒,能提高工作效率,较好地处理各种突发事件。良好的心理素质能使理论知识和操作技能得到正常的发挥,在某种程度上还可以弥补理论知识和操作技能的不足,同时还可以感染周围的船员。对于高级船员来讲,良好的心理素质尤其重要。如果遇事不冷静,情绪急躁,手忙脚乱,会使局面陷入混乱。因此,要想培养船员良好的心理素质,就要求船员掌握一定的航海心理学知识,接受相关的心理训练,以提高船员在实际工作中的心理承受能力和心理调节能力。

4.3.4 做好团队协作,增强情景意识

个人的能力并不是保证安全的决定因素,安全取决于全体船员是否协调配合,取长补短,最大限度地发挥船员的整体功能。船舶航行是一项涉及多种因素与条件的综合性工作,轮机部团队要保持人员之间的沟通与合作,以便保证船舶的安全航行。为了降低航行风险,保证航行安全,除了应全面认识人为因素与船舶事故的关系外,还应对船舶事故的综合因素加以认真分析。根据船舶事故发生的实际情况,涉及人的原因及其综合因素包括主体原因及客体原因:主体原因中往往涉及船舶轮机员自身技术方面的原因;客体原因主要有机械设备、环境因素等。这就要求轮机员加强自身素质及技能的训练,制订有效措施来消除或减少人为失误。除此之外,还要重视情景意识与安全的关系,将失误链在事故发生

之前破坏掉。由情景意识与安全的关系理论可知,情景意识越好,事故风险越低。低情景意识产生高风险,而高情景意识降低风险。

4.3.5   作业

1.预防人为失误可以从_____方面入手。

①加强船员的安全意识,坚持预防为主的原则

②改善人、机、环环境系统安全状况,提高系统整体的可靠性

③培养船员良好的心理素质

④做好团队协作,增强情景意识。

A.①②③   B.②③④   C.①②④   D.①②③④

2._____不是人为失误的预防措施。

A.加强船员的安全意识,坚持预防为主的原则

B.改善人、机、环境系统安全状况,提高系统整体的可靠性

C.培养船员良好的心理素质

D.强调个人主义,增强情景意识

项目 5　实训指导

【知识目标】了解海事局对开展机舱资源管理培训的基本要求;了解轮机部人员内外通信和沟通的相关知识;了解轮机部日常维修保养计划的编制及实施方法;了解在不同状况下,轮机部人员互相协调和配合的方法;掌握机舱资源管理实训方法和评估指南;掌握实训报告填写方法。

【能力目标】能够运用通信设备和沟通技巧与轮机部内外人员进行有效沟通;能运用所学的理论知识合理编制日常工作计划;能应用团队协作相关知识,在不同环境下,维持高效的轮机部团队。

【素质目标】具有热爱航海、投身航海事业的高尚情怀。

任务 5.1　训练及评估要求

5.1.1　训练目的

本训练使学生达到《中华人民共和国海船船员适任考试和发证规则》对船员所规定的750千瓦级以上三管轮实际操作技能要求,掌握机舱资源管理的基本内容、管理技能和应急管理能力,满足国家海事局签发船员适任证书的必备条件。

5.1.2　训练要求

1. 训练规模

机舱资源管理每组参加实操训练的人数最多为20人。

2. 建立团队

参加训练的学生分成若干团队,每个团队有4~5人,分别扮演轮机长、大管轮、二管轮、三管轮、电子电气员等不同角色,角色可互换,其中轮机长角色作为团队领导。

3. 师资要求

教师须经过主管机关组织的师资培训,并满足下列条件之一。

(1)具有不少于2年的无限航区轮机长或大管轮海上服务资历;

(2)具有副高及以上职称,并具有不少于1年海上服务资历的航海类专业教师。

4. 其他要求

(1)教师须自有。

(2)教师中至少有1名为轮机长。

(3)实训教师按照师生比1:5配备。

5.1.3 知识准备

机舱资源管理是管理学的一个具体分支和应用。该课程主要是使学生理解疲劳与压力,机舱资源分配、分派和优先排序;掌握计划的编制与实施,船上沟通技巧;熟悉团队与团队工作;提高学生的情景意识、有效沟通技能、领导力和决断力以及团队协作能力;强化学生的风险控制与应变能力、危机处理能力。

机舱资源管理实操训练前需完成主推进动力装置、船舶辅机、船舶管理、船舶电气与自动化等理论课程的学习以及轮机模拟器的实操训练。

5.1.4 训练设备和器材

1. 训练设备

机舱资源管理实操训练设备须满足下列条件之一。

(1)具有完整物理盘台的全任务轮机模拟器1套。

轮机模拟器如图5-1所示,功能应满足能够模拟常规工况下轮机长、轮机员之间的协调与配合(包括备车与完车、机动航行、正常航行、锚泊、靠港作业、雾中航行、加燃润料等)。能够模拟应急情况下轮机长、轮机员之间的协调与配合(包括主机故障、舵机失灵、全船失电、机舱火灾、机舱进水、恶劣海况、搁浅、碰撞、海盗袭击、溢油等)。

图5-1 轮机模拟器

(2)自动化机舱。

自动化机舱如图5-2所示,其设备最少应包括一台可以运转的主柴油机(缸径200 mm及以上);主机能实现遥控,有模拟驾驶台并能实现驾机联系;具有监测报警系统;有独立的主机燃油系统、滑油系统、冷却水系统、压缩空气系统;有发电机组及船舶电站。

2. 训练器材

(1)规范的教室和一个用于理论教学的投影仪,以及配有电视、录放机和收录机等相应视听设备。

(2)若有必要,配备合适的通信工具,如对讲机等。

(3)其他教学资料。

图 5-2 自动化机舱

5.1.5 训练内容及课时分配

1.训练内容

(1)熟悉轮机模拟器。

熟悉轮机模拟器包括熟悉轮机模拟器主机、副机、辅助机械、电站及自动化相关软件的主要操作。

(2)通信与沟通。

通信与沟通包括机舱值班人员的通信与沟通;机舱与驾驶台的通信与沟通;轮机部与公司职能部门的通信与沟通;轮机部与其他人员(包括加燃润料人员、供备件及物料人员、PSC检查官、验船师、修造船厂工程师等)的通信与沟通。

(3)计划的编制与实施。

计划的编制与实施包括轮机部日常维修保养计划的编制与实施;轮机部备件的申请、接收和保管;轮机部物料、润料和工具的申请、接收和保管。

(4)轮机部团队的协调与配合。

轮机部团队的协调与配合包括机舱检修工作中轮机长、轮机员之间的协调与配合;常规工况下轮机长、轮机员之间的协调与配合(包括备车与完车、机动航行、正常航行、锚泊、靠港作业、雾中航行、加燃润料等);应急情况下轮机长、轮机员之间的协调与配合(包括主机故障、舵机失灵、全船失电、机舱火灾、机舱进水、恶劣海况、搁浅、碰撞、海盗袭击、溢油等)。

2.课时分配

课时分配表见表 5-1。

表 5-1 课时分配表

序号	阶段内容	所用课时	分组
1	熟悉轮机模拟器	4	4~5 人一组

表 5 – 1(续)

序号		阶段内容	所用课时	分组
2	通信与沟通	1.机舱值班人员的通信与沟通	4	4~5 人一组
		2.机舱与驾驶台的通信与沟通		
		3.轮机部与公司职能部门的通信与沟通		
		4.轮机部与其他人员的通信与沟通(包括加燃润料人员、供备件及物料人员、PSC 检查官、验船师、修造船厂工程师等)		
3	计划的编制与实施	1.轮机部日常维修保养计划的编制与实施	4	4~5 人一组
		2.轮机部备件的申请、接收和保管		
		3.轮机部物料、润料和工具的申请、接收和保管		
4	轮机部团队的协调与配合	1.机舱检修工作中轮机长、轮机员之间的协调与配合	4	4~5 人一组
		2.常规工况下轮机长、轮机员之间的协调与配合(包括备车与完车、机动航行、正常航行、锚泊、靠港作业、雾中航行、加燃润料等)		
		3.应急情况下轮机长、轮机员之间的协调与配合(包括主机故障、舵机失灵、全船失电、机舱火灾、机舱进水、恶劣海况、搁浅、碰撞、海盗袭击、溢油等)		
合计			16	

5.1.6 评估内容及方法

1.评估内容

从"通信与沟通""计划的编制与实施"和"轮机部团队的协调与配合"三大主题中分别抽取一题组成一份试卷。

2.评定方法

机舱资源管理实操评估在轮机模拟器或者自动化机舱进行,试卷分值分布如下:"通信与沟通"分值 20 分;"计划的编制与实施"分值 30 分;"轮机部团队的协调与配合"分值 50 分,满分 100 分。

平时成绩由"学习态度""培训记录"和"实操训练"三部分组成,满分 100 分,其分值分别为 40 分、30 分和 30 分,最后总评由试卷成绩和平时成绩两部分组成,其权重分别为 70%和 30%,总评 60 分及以上及格,60 分以下不及格,无优秀和良好档次。

评估时间每人次不超过 60 分钟。

任务 5.2 通信与沟通

5.2.1 机舱值班人员的通信与沟通

5.2.1.1 相关知识

1. 停泊中

(1)有关船舶操作、保养工作、船舶机械或控制设备修理的特殊命令。

(2)有关与外部有联系的机舱工作(检修、物料、备件、PSC 检查等)。

(3)出现异常情况时。

(4)交接班时。

2. 航行中

(1)值班轮机员应将保证安全值班的一切适当指示、信息、机器的潜在危险情况以及危及人命和船舶安全的情况告知值班人员。

(2)在进行一切预防性保养、损害控制或维修工作时,值班轮机员应与负责维修工作的轮机员合作。

(3)在下班前,值班轮机员应将值班中有关主、辅机发生的事情完整记录下来,并提醒接班人员注意。

(4)在交接班时,值班轮机员应向接班轮机员告知的事项。

(5)接班轮机员在承担值班任务前,应对交班轮机员告知的上述事项充分满意,同时还应熟悉和了解的事项。

3. 紧急情况时

(1)出现紧急情况而需要报警时,拉响警报并采取一切可能的措施避免船舶及其货物和船上人员遭受损害。

(2)在遇到下列情况时,值班轮机员应立即通知轮机长:机器发生故障或损坏,可能危及船舶的安全运行时;发生失常现象,经判断会引起推进机械、辅机、监视系统、调节系统的损坏或破坏时;发生紧急情况或对于采取什么措施和决定无把握时。

5.2.1.2 训练方法

每个班级最多由 20 名学员组成,4 名学员组成一个团队,分别扮演轮机长、大管轮、二管轮、三管轮的角色,每个班级分成 5 个团队。首先,指导教师对即将训练的内容进行讲解,重点讲解沟通目的、沟通时机、沟通对象及有效沟通的方法,其次第一个团队开始训练、第二个团队观察第一个团队的训练状况,第三个团队准备,熟悉训练内容,第一个团队训练完毕,进行自我评价,第二个团队进行他评,依次类推,最后,指导教师总评。

5.2.1.3 评估指南

机舱值班人员通信与沟通评估指南见表 5-2。

表 5－2 机舱值班人员通信与沟通评估指南

评估题目	机舱值班人员通信与沟通
情景设计	机舱值班
序号	评估要求
1	考生应能迅速根据场景要求,指定角色,组建机舱值班团队
2	停泊中: 1.根据轮机长部署,大管轮召开碰头会,布置工作,这时二/三管轮与大管轮、机工长和白班机工之间的沟通及配合动作。 2★.加强巡回检查,告知当班机工保证发电机、锅炉的正常运行,值班轮机员与值班机工的沟通及配合动作。 3.值班轮机员与值班机工做好防火防盗工作的沟通及配合动作。 4.当有外来人员检修机电设备时,值班轮机员与其的沟通及配合动作。 5.甲板部需机舱配合工作,例如告知值班机工满足甲板供电供气、打压载水等,这时值班轮机员与值班机工、甲板部的沟通及配合动作,必要时需向大管轮、轮机长请示的沟通。 6.交接班时,值班轮机员就未完成的工作与接班轮机员交接工作时的沟通及配合动作
3	正常航行时: 1★.当调整机电设备的运行参数、巡回检查的监督、异常问题的处理时,值班轮机员与值班机工的沟通及配合动作。 ①交接班时,值班轮机员将未完成的工作向接班人员交代清楚,尤其是任何不正常的情况,并记录好轮机日志,此时值班轮机员与接班轮机员的沟通及配合动作。 ②当有检修工作时,值班轮机员与白班检修工作人员的沟通及配合动作
4	机动航行时: 接驾驶台通知备车。 1.值班轮机员与值班机工的沟通及配合动作。 2★.通知轮机长、电机员下机舱,此时值班轮机员与轮机长、电机员的沟通及配合动作。 3.备车完成后告知驾驶台,此时值班轮机员与驾驶台人员的沟通及配合动作。 4.值守操纵台,值班轮机员与驾驶台人员对于车钟操作的沟通及配合动作,并安排做好车钟记录
5	船舶出现紧急情况时: 1.接驾驶台的通知,出现紧急情况,值班轮机员与驾驶台人员的沟通及配合动作。 2★.值班轮机员通知轮机长、电机员及相关人员,值班轮机员与他们的沟通及配合动作。 3.值班轮机员与值班机工的沟通及配合动作
6	机舱出现紧急情况时: 全船失电。 1.值班轮机员应进行如下动作:与驾驶台的沟通;与值班机工的沟通。 2★.同时启动备用发电机组或者应急发电机;通知轮机长、电机员下机舱;安排人员查找跳电原因等。 评估值班轮机员的上述沟通及配合动作

注:打★为关键操作,操作错误本题直接判为零分。

5.2.1.4　评估方法

1.环境的认识

包括船舶所处环境、机舱设备运转状态、噪声、驾驶台及轮机长的指令等。

2.沟通方式选择

根据当时的情景选择合适的沟通方式,如书面、口头语言、肢体语言等。

3.沟通的过程

包括需要(请求向接受方发送信息,发送方收集和安排信息的内容)、发送、接受、应答、反馈。

5.2.1.5　评估标准

1.语言交流清楚和无歧义,对有疑问的决定和行动适当询问和回复,沟通方式合理。(100%)

2.语言交流比较清楚和无大的歧义,对有疑问的决定和行动较少询问和回复,沟通方式一般。(80%)

3.语言交流模糊容易产生歧义,对有疑问的决定和行动较少询问和回复,沟通方式较少。(60%)

4.语言交流较少,对有疑问的决定和行动无询问和回复,沟通方式单一。(40%)

5.无语言交流,对有疑问的决定和行动无询问和回复,沟通方式不合理。(0%~20%)

5.2.1.6　实训报告

实训报告采用表格形式,分别由学生、观察员和指导教师填写,见表5-3。

表5-3　实训报告

姓名:		班级:		学号:	
身份证号码:				期数:	
报告内容:					
自我评价:					
观察员评价:					

表 5 – 3（续）

教师评价：

总评：

5.2.2　机舱与驾驶台的通信与沟通

5.2.2.1　相关知识

1. 开航前

（1）船长应提前 24 小时将预计开航时间通知轮机长，如停港不足 24 小时，应在抵港后立即将预计离港时间通知轮机长；轮机长应向船长报告主要机电设备情况、燃油和炉水存量；如开航时间变更，须及时更正。

（2）开航前 1 小时，值班驾驶员应会同值班轮机员核对船钟、车钟、试舵等，并分别将情况记入航海日志、轮机日志及车钟记录簿内。

（3）主机冲车前，值班轮机员应征得值班驾驶员同意。待主机备妥后，机舱应通知驾驶台。

2. 航行中

（1）每班下班前，值班轮机员应将主机平均转数和海水温度告知值班驾驶员，值班驾驶员应回告本班平均航速和风向风力，双方分别记入航海日志和轮机日志；每天中午，驾驶台和机舱校对时钟并互换正午报告。

（2）船舶进出港口，通过狭窄水道、浅滩、危险水域或抛锚等须备车航行时，驾驶台应提前通知机舱准备。如遇雾或暴雨等突发情况，值班轮机员接到通知后应尽快备妥主机。

（3）判断将有风暴来临时，船长应及时通知轮机长做好各种准备。

（4）如因等引航员、候潮、等泊等原因须短时间抛锚时，值班驾驶员应将情况及时通知值班轮机员。

（5）因机械故障不能执行航行命令时，轮机长应组织抢修并通知驾驶台速报船长，并将故障发生和排除时间及情况记入航海日志和轮机日志。停车应先征得船长同意，但若情况危急，不立即停车就会威胁主机或人身安全时，轮机长可立即停车并通知驾驶台。

（6）轮机部如调换发电机、并车或暂时停电，应事先通知驾驶台。

（7）在应变情况下，值班轮机员应立即执行驾驶台发出的信号，及时提供所要求的水、气、汽、电等。

（8）由船长和轮机长共同商定的主机各种车速，除非另有指示，值班驾驶员和值班轮机员都应严格执行。

（9）船舶在到港前，应对主机进行停、倒车试验，当无人值守的机舱因情况需要改为有人值守时，驾驶台应及时通知轮机员。

（10）抵港前，轮机长应将本船存油情况告知船长。

3. 停泊中

（1）抵港后，船长应告知轮机长本船的预计动态，以便安排工作，动态如有变化应及时联系；机舱若需检修而影响动车的设备，轮机长应事先将工作内容和所需时间报告船长，取得同意后方可进行。

（2）值班驾驶员应将装卸货情况随时通知值班轮机员，以保证安全供电。在装卸重大件或特种危险品或使用重吊之前，大副应通知轮机长派人检查起货机，必要时还应派人值守。

（3）如因装卸作业造成船舶过度倾斜，影响机舱正常工作时，轮机长应通知大副或值班驾驶员采取有效措施予以纠正。

（4）对船舶压载的调整，以及可能涉及海洋污染的任何操作，驾驶和轮机部门应建立起有效的联系制度，包括书面通知和相应的记录。

（5）每次添装燃油前，轮机长应将本船的存油情况和计划添装的油舱以及各舱添装数量告知大副，以便计算稳性、水尺和调整吃水差。

5.2.2.2 训练方法

每个班级最多由20名学员组成，4名学员组成一个团队，分别扮演轮机长、大管轮、二管轮、三管轮的角色，每个班级分成5个团队。首先，指导教师对即将训练的内容进行讲解，重点讲解沟通目的、沟通时机、沟通对象及有效沟通的方法，其次第一个团队开始训练、第二个团队观察第一个团队的训练状况，第三个团队准备，熟悉训练内容，第一个团队训练完毕，进行自我评价，第二个团队进行他评，依次类推，最后，指导教师总评。

5.2.2.3 评估指南

机舱与驾驶台沟通与配合评估指南见表5-4。

表5-4 机舱与驾驶台沟通与配合评估指南

评估题目	机舱与驾驶台沟通与配合
情景设计	船舶在各种状态下，机舱与驾驶台的沟通与配合
序号	评估要求
1	考生应能迅速根据场景要求，指定角色，组建机舱值班团队

表 5 - 4(续 1)

序号	评估要求
2	停泊中,驾机沟通与配合: 1.值班轮机员将需要检修的工作报告给轮机长,轮机长再报告给船长,取得船长同意后方可进行,此时值班轮机员与轮机长之间的沟通及配合动作,轮机长与船长的沟通与配合。 2*.当甲板部需要使用大功率的用电设备时,值班驾驶员通知机舱。值班轮机员根据发电机负荷情况与值班驾驶员之间的沟通及配合动作。 3.加滑油时,值班轮机员就加油操作程序与值班驾驶员之间进行的沟通及配合动作。 4.装卸货物需要调整船舶压载时,值班轮机员需要与值班驾驶员配合工作。此时值班轮机员与值班驾驶员之间的沟通及配合动作
3	正常航行时,驾机沟通与配合: 1*.大/二/三管轮为值班轮机员,此时评估值班轮机员在中午报告时与驾驶台人员之间的沟通与配合。 2.设定驾驶台人员通知开关仓作业和需要启用开仓系统等场景,此时大/二/三管轮为值班轮机员。值班轮机员与驾驶台人员的沟通,执行驾驶台发出的信号,及时供电、水、气、汽等的配合动作
4	备车时,驾机沟通与配合: 1*.接驾驶台通知,机舱需要备车。值班大/二/三管轮与驾驶台值班驾驶员进行以下配合工作:对车钟、对时钟、试舵,并记录到轮机日志和车钟记录簿,此时值班大/二/三管轮与驾驶台人员的沟通及配合动作。 ①启动发电机,并电运行,大/二/三管轮为值班轮机员,此时值班轮机员与相关人员的沟通及配合动作。 ②进行备车作业:关闭暖缸阀,给空气瓶补气,打开空气瓶出口阀、主启动阀,启动为主机服务的相关设备(如滑油泵、淡水泵、燃油泵等),滑油温度低时应对滑油循环柜进行加热,合上盘车机运行等。此时值班大/二/三管轮与值班机工的沟通及配合动作。 ③设定试车操作场景,值班大/二/三管轮与轮机长的沟通与配合动作,试车完毕后,值班大/二/三管轮与驾驶台人员之间的沟通
5	机动航行或正常航行船舶出现紧急情况时,驾机沟通与配合: 场景设计——船长通知机舱,海上将有风暴来临。 机舱值班二管轮应当完成如下操作: 1.尽快备妥主机,启动备用发电机组并电增加功率储备。 2*.值守操纵台,根据驾驶台指令,做好主机变速、变向操纵。 3.根据轮机长和船长商定的主机转速,对主机进行适当降速。 4.发现主机转速出现较大波动时,及时通知轮机长,轮机长与大副取得沟通,调整船舶吃水,防止主机飞车。 评估值班大/二/三管轮就以上操作与相关人员的沟通及配合动作

表 5–4(续 2)

序号	评估要求
6	机动航行或正常航行机舱出现紧急情况时,驾机沟通与配合: 场景设计——船舶航行时,全船跳电。 机舱值班大/二/三管轮应当完成如下操作: 1. 及时通知值班驾驶员。 2★. 值守操纵台,根据驾驶台指令,做好主机变速变向操纵。 3. 将故障原因、恢复供电的时间通知驾驶台。 4. 恢复供电后,依次启动各负载,备妥主机并告知驾驶台。 评估值班大/二/三管轮与相关人员之间的沟通与配合动作

注:打★为关键操作,操作错误本题直接判为零分。

5.2.2.4 评估方法

1. 环境的认识

包括船舶所处环境、机舱设备运转状态、噪声、驾驶台及轮机长的指令等。

2. 沟通方式选择

根据当时的情景选择合适的沟通方式,如书面语言、口头语言、肢体语言等。

3. 沟通的过程

包括需要(请求向接受方发送信息,发送方收集和安排信息的内容)、发送、接受、应答、反馈。

5.2.2.5 评估标准

1. 语言交流清楚和无歧义,对有疑问的决定和行动适当询问和回复,沟通方式合理。(100%)

2. 语言交流比较清楚和无大的歧义,对有疑问的决定和行动较少询问和回复,沟通方式一般。(80%)

3. 语言交流模糊容易产生歧义,对有疑问的决定和行动较少询问和回复,沟通方式较少。(60%)

4. 语言交流较少,对有疑问的决定和行动无询问和回复,沟通方式单一。(40%)

5. 无语言交流,对有疑问的决定和行动无询问和回复,沟通方式不合理。(0%~20%)

5.2.2.6 实训报告

实训报告采用表格形式,分别由学生、观察员和指导教师填写,见表 5–5。

表 5 – 5　实训报告

姓名：		班级：		学号：
身份证号码：			期数：	

报告内容：

自我评价：

观察员评价：

教师评价：

总评：

5.2.3　轮机部与公司职能部门的通信与沟通

5.2.3.1　相关知识

1. 轮机部向公司管理部门送报

(1) 各种机务报表和维修保养计划执行情况报告。

(2) 机舱备件、物料的申领、入库、消耗和库存报表。

(3) 机电动力设备事故报告。

(4) 有关船机状态的报告。

(5) 有关设备安全和性能的特殊情况报告。

(6) 有关轮机部人员的考核和评价报告。

2. 公司机务部与轮机部的沟通

(1) 审核、确认机舱的备件、物料、油料、修理、检验等申请,批注要求的供船时间、地点和其他相关的要求。

（2）搜集最新生效的公约、规则、规范和船旗国、港口国等外部组织的最新要求，及时通报船舶，提示船舶注意相关的营运安全问题。

（3）确认以下方面是否需提供岸基支持：备件、物料、油料；临时修理或计划修理；证书/检验；PSC 检查。

（4）在登轮时，听取轮机长的工作汇报，对提出的问题在职权范围内做出合理的解释，阐明本人登轮的工作任务和需要船方配合的事项。

（5）调查了解主要干部船员的技术状况和人员的配合情况、思想状况。

（6）检查船舶维修保养情况，根据船舶的实际状况，布置一下阶段工作，并提交轮机长书面确认。

（7）搜集船舶应报送的各种机务报表，在可能情况下审阅并提出意见。

（8）检查船舶的 SMS 运行情况，尤其是各种档案、报表、报告的归档与保管情况。

5.2.3.2 训练方法

每个班级最多由 20 名学员组成，4 名学员组成一个团队，分别扮演轮机长、大管轮、二管轮、三管轮的角色，每个班级分成 5 个团队。首先，指导教师对即将训练的内容进行讲解，重点讲解沟通目的、沟通时机、沟通对象及有效沟通的方法，其次第一个团队开始训练、第二个团队观察第一个团队的训练状况，第三个团队准备，熟悉训练内容，第一个团队训练完毕，进行自我评价，第二个团队进行他评，依次类推，最后，指导教师总评。

5.2.3.3 评估指南

轮机部、轮机员与公司机务管理部门的沟通与配合评估指南见表 5 - 6。

表 5 - 6 轮机长、轮机员与公司机务管理部门的沟通与配合评估指南

评估题目	轮机长、轮机员与公司机务管理部门的沟通与配合
情景设计	三管轮发现蒸汽冷凝器腐烂并漏水严重，影响蒸汽系统正常工作
序号	评估要求
1	考生应能迅速根据情景要求，指定角色，组建机舱值班团队
2	三管轮向轮机长报告蒸汽冷凝器工作状况，确定蒸汽冷凝器内部管路泄漏严重，影响整个蒸汽系统的工作，建议公司紧急提供新的冷凝器芯
3	轮机长向船长请示，经船长同意后，使用卫通和公司机务取得联系，请求机务紧急安排新的冷凝器芯到船，进行更换
4*	应公司机务要求，三管轮直接向机务介绍该冷凝器损坏情况，且明确采用封堵泄漏冷却管的方法已不能解决问题，建议机务提供新的冷凝器芯进行更换
5	机务同意采购新冷凝器芯，同时要求在更换前对船舶先采取必要的应急措施，以保证船舶安全到港
6	三管轮向轮机长建议如何采取紧急措施

注：打★为关键操作，操作错误本题直接判为零分。

5.2.3.4　评估方法

1. 环境的认识

包括船舶航线、机舱设备运转状态、维修保养的要求等。

2. 沟通方式选择

根据当时的情景选择合适的沟通方式,如书面语言、口头语言、肢体语言等。

3. 沟通的过程

包括需要(请求向接受方发送信息,发送方收集和安排信息的内容)、发送、接受、应答、反馈。

5.2.3.5　评估标准

1. 语言交流清楚和无歧义,对有疑问的决定和行动适当询问和回复,沟通方式合理。(100%)

2. 语言交流比较清楚和无大的歧义,对有疑问的决定和行动较少询问和回复,沟通方式一般。(80%)

3. 语言交流模糊容易产生歧义,对有疑问的决定和行动较少询问和回复,沟通方式较少。(60%)

4. 语言交流较少,对有疑问的决定和行动无询问和回复,沟通方式单一。(40%)

5. 无语言交流,对有疑问的决定和行动无询问和回复,沟通方式不合理。(0% ~20%)

5.2.3.6　实训报告

实训报告采用表格形式,分别由学生、观察员和指导教师填写,见表5-7。

表5-7　实训报告

姓名:	班级:		学号:
身份证号码:		期数:	
报告内容:			
自我评价:			
观察员评价:			

表 5 –7(续)

教师评价：

总评：

5.2.4　轮机部与加燃润料人员的沟通

5.2.4.1　相关知识

1. 加燃油

加油前,轮机长应携同主管轮机员与供方代表联系,商定如下事项：

(1)燃油的规格、品种、数量是否符合要求；

(2)确定加油的先后顺序；

(3)最大泵油量(加油过程中泵油速度)及其控制方法；

(4)加油过程中的双方联系方法；

(5)加油泵应急停止方法；

(6)加油开始前,轮机长应亲自或指派主管轮机员检查油驳或油罐的检验合格证和规范图表,弄清油驳的舱位分布及数量,与供油方代表一起测量并记录供油油驳的所有油舱或油罐的油位、油温和密度,计算出储油量；审核驳船装单,如发现不一致,须当即弄清；要核对并记录流量计的初始读数,如为油罐车供油则应检查其铅封是否完好；双方确认后、轮机长在供方提交的装前状况确认书签字；

(7)加油开始前,应提请供油方按正确方法提取油样,并监督取样装置的安装及调整；

(8)检查本船各有关阀门开关是否正确,各项工作准备妥善后,即可通知供方开始供油,并记录开泵时间。

加油中：

(1)在全部加油过程中,监督加油速度是否符合约定速度,必要时与供方联系调整。

(2)轮机长或主管轮机员应使用油样提取装置,在加油全过程中点滴取样,加油完毕后摇匀(约 30 s),均分成 2 ~ 3 份,由双方代表现场铅封瓶口,再将有双方签字的标签贴在瓶上。

加油后：

(1)如受油发生争议,轮机长与供应代表交涉,并告知船长,待解决后再在加油收据上签字。若现场双方不能通过协议解决,轮机长不要在加油收据上签字,也暂不要让供方代表及油驳等离开现场。如果船期允许,可以通过代理申请第三方实施公证检验,对双方的油舱、油舱的容积、标尺、油泵的流量计及泵油管路等进行检验、测算,做出裁决,同时将此情况报告公司。公证检验时,我方轮机长及主管轮机员须在现场。如果船期不允许,则轮机长必须在加油收据上加批注(供方不同意加批注时,可作书面声明并由双方代表签字),并将此情况通知油公司,同时上报公司,验船费用将由败诉方承担。

2. 加润滑油

加油中:

(1)轮机长与供油方代表确认加油品种和数量。

(2)在散装情况下,轮机长应同供油方代表确定加油量计量方式。并由主管轮机员与供油方代表,一起记录供油驳的流量表初始数值和船舶相关油舱初始存油量,如果供油驳没有流量表,一般由主管轮机员与供油方代表一起测量供油驳的相关油舱的初始存油量。

(3)监督油样的采取,并在油样瓶上做好相关的标记。

加油结束:

(1)等油舱(柜)中的油稳定后,主管轮机员与供油代表一起测量船方的加油舱(柜)的加油量,同时测量供油驳的供油量,确认一致后,由轮机长在供油收据上签字。

(2)如果发生争议,轮机长应与供油方代表协商,一般应与船方的测量记录为准,如果协商不能达成一致,轮机长应告知船长,由船长决定下一步的措施,如果船期不允许,轮机长可以签署书面声明(抗议),并由轮机长与供油方代表签字。

5.2.4.2 训练方法

每个班级最多由20名学员组成,4名学员组成一个团队,分别扮演轮机长、大管轮、二管轮、三管轮的角色,每个班级分成5个团队。首先,指导教师对即将训练的内容进行讲解,重点讲解沟通目的、沟通时机、沟通对象及有效沟通的方法,其次第一个团队开始训练、第二个团队观察第一个团队的训练状况,第三个团队准备,熟悉训练内容,第一个团队训练完毕,进行自我评价,第二个团队进行他评,依次类推,最后,指导教师总评。

加装燃油

5.2.4.3 评估指南

轮机人员与加燃油人员的沟通与配合评估指南,见表5-8。

表5-8 轮机人员与加燃油人员的沟通与配合评估指南

评估题目	轮机人员与加燃油人员的沟通与配合
情景设计	船舶在锚地加燃油
序号	评估要求
1	考生应能迅速根据情景要求,指定角色,组建团队。指导教师担任油驳加油代表,4名学员分别担任轮机长、大管轮、二管轮及三管轮角色

表 5－8（续）

评估题目	轮机人员与加燃油人员的沟通与配合
2	轮机长接加油报(加油的时间、地点、数量、品种等),通知二/三管轮做好加油准备工作。二管轮根据加油报,拟订加油计划,报给轮机长审批。轮机长通知大管轮安排加油前会议,进行工作部署
3	由大管轮联系甲板部,主要是值班驾驶员、木匠及值班水手做好加油协调准备工作,带缆及准备软梯,堵塞落水孔,悬挂加油作业旗,检查调试好 VHF 对讲机,准备好溢油器材、消防器材
4	抵港后,加油驳靠船,二/三管轮做详细加油准备,并向轮机长报告准备工作已完成。轮机长向大管轮询问其防溢油工作等其他工作情况,指示确认相关人员到位,做最后检查确认
5*	加油正式开始,二/三管轮督促加油工作。包括检查油温油压,是否有泄漏,连续取样,督促量油人员是否油位开始上升以及上升速度,可及时通知油驳调整加油速度,不断获取加油液位及数量。加油过程中出现溢油情况,按应变部署表的分工进行控制工作,避免出现污染事故
6	加油完成,二/三管轮结束工作:包括测取液位,根据吃水准确计算加油量,向轮机长报告,轮机长确认,收取油样,铅封,在加油单上签字盖章;指导做好加油善后复位工作,结束后向大管轮汇报,由大管轮将工作记入轮机日志和油类记录本

注:打★为关键操作,操作错误本题直接判为零分。

5.2.4.4 评估方法

1. 环境的认识

包括港口或者锚地的相关信息。

2. 沟通方式选择

根据当时的情景选择合适的沟通方式,如书面语言、口头语言、肢体语言等。

3. 沟通的过程

包括需要(请求向接受方发送信息,发送方收集和安排信息的内容)、发送、接受、应答、反馈。

5.2.4.5 评估标准

1. 语言交流清楚和无歧义,对有疑问的决定和行动适当询问和回复,沟通方式合理。(100%)

2. 语言交流比较清楚和无大的歧义,对有疑问的决定和行动较少询问和回复,沟通方式一般。(80%)

3. 语言交流模糊容易产生歧义,对有疑问的决定和行动较少询问和回复,沟通方式较少。(60%)

4. 语言交流较少,对有疑问的决定和行动无询问和回复,沟通方式单一。(40%)

5. 无语言交流,对有疑问的决定和行动无询问和回复,沟通方式不合理。(0%～20%)

5.2.4.6 实训报告

实训报告采用表格形式,分别由学生、观察员和指导教师填写,见表 5－9。

表 5－9　实训报告

姓名：	班级：		学号：
身份证号码：		期数：	
报告内容：			
自我评价：			
观察员评价：			
教师评价：			
总评：			

5.2.5　轮机部与备件物料供应人员的沟通

5.2.5.1　相关知识

首先是确保供应人员准确无误地理解采购内容,包括型号、色泽、数量、质量要求、供货进度等。其次与供应人员的沟通一定要充分并形成文字记录,既然是沟通,就切忌将自己的主观意识强加给供应人员,所以协商时,要善于引导供应人员积极配合。与供应人员打交道,最忌"以为"两字。

5.2.5.2　训练方法

每个班级最多由 20 名学员组成,4 名学员组成一个团队,分别扮演轮机长、大管轮、二管轮、三管轮的角色,每个班级分成 5 个团队。首先,指导教师对即将训练的内容进行讲解,重点讲解沟通目的、沟通时机、沟通对象及有效沟通的方法,其次第一个团队开始训练、第二个团队观察第一个团队的训练状况,第三个团队准备,熟悉训练内容,第一个团队训练完毕,进行自我评价,第二个团队进行他评,依次类推,最后,指导教师总评。

5.2.5.3 评估指南

轮机人员与供应备件、物料人员的沟通与配合评估指南,见表 5 – 10。

表 5 – 10 轮机人员与供应备件、物料人员的沟通与配合评估指南

评估题目	轮机人员与供应备件、物料人员的沟通与配合
情景设计	船靠泊码头,准备接收物料,并发现物料质量有缺陷
序号	评估要求
1	考生应能迅速根据场景要求,指定角色,组建团队。指导教师担任物料供应人员角色,4 名学员分别担任轮机长、大管轮、二管轮及三管轮角色
2	轮机长接通知,供应物料人员和车辆已在码头等候。轮机长通知大管轮,安排人员准备接收物料
3	大管轮对参与接收物料的相关人员进行工前安全教育,并进行工作部署、分派。二/三管轮参加并咨询与自己设备有关的备件和自己主管的物料情况
4	大管轮从供应人员处拿到物料清单,对供船物料进行仔细清点,核对数量、型号,从外观判断质量
5*	二/三管轮从数量、质量方面与大管轮进行沟通后,与供应人员进行交涉,退回型号不符合要求的物料,并要求补齐缺少的物料
6	与机工长协商物料的放置和入库方案,并汇报大管轮
7	向大管轮汇报自己主管的物料接收情况,要求供应人员在物料清单上签字,并向轮机长汇报,最后将物料清单交轮机长签字
8	大管轮把已供船的物料,分门别类放入专门仓库中

注:打★为关键操作,操作错误本题直接判为零分。

5.2.5.4 评估方法

1. 环境的认识

包括港口或者锚地的相关信息。

2. 沟通方式选择

根据当时的情景选择合适的沟通方式,如书面语言、口头语言、肢体语言等。

3. 沟通的过程

包括需要(请求向接受方发送信息,发送方收集和安排信息的内容)、发送、接受、应答、反馈。

5.2.5.5 评估标准

1. 语言交流清楚和无歧义,对有疑问的决定和行动适当询问和回复,沟通方式合理。(100%)

2.语言交流比较清楚和无大的歧义,对有疑问的决定和行动较少询问和回复,沟通方式一般。(80%)

3.语言交流模糊容易产生歧义,对有疑问的决定和行动较少询问和回复,沟通方式较少。(60%)

4.语言交流较少,对有疑问的决定和行动无询问和回复,沟通方式单一。(40%)

5.无语言交流,对有疑问的决定和行动无询问和回复,沟通方式不合理。(0%～20%)

5.2.5.6　实训报告

实训报告采用表格形式,分别由学生、观察员和指导教师填写,见表5－11。

表5－11　实训报告

姓名:	班级:	学号:
身份证号码:		期数:
报告内容:		
自我评价:		
观察员评价:		
教师评价:		
总评:		

5.2.6 轮机部与 PSC 检查官的沟通

5.2.6.1 相关知识

1. 检查官检查轮机部项目时,轮机部人员应热情接待,在回答问题、安排工作、下达指令前,应明白检查官的意图。

2. 当检查官进行检查时,轮机长应亲自陪同并组织好相关人员进行相关的操作,要有问必答,实事求是,而不应极力隐瞒事实的真相,造成检查官的反感。

3. 在检查过程中,轮机长时刻与检查官保持沟通,就一些事项耐心地向检查官解释,并按照检查官的要求,及时提供各种资料,必要时,对照图纸进行解释。

4. 对于发现的缺陷表示立即纠正,最好在检查官离船前纠正。对于一时解决不了的缺陷,应提出解决方法,安排修理和通知代理联系就地解决,取得检查官的谅解。

5. 对于一些不同意见,要耐心地进行合理有据的解释和说明,但不应与检查官争论。

6. 当检查官采用滞留措施时,建议检查官在开航前纠正,如可能延误船期的,则建议改为两星期或下一港纠正。总之,希望检查官能改变主意。

7. 如果认为滞留不当,应采用说理的方式进行沟通,做到有理有节。

8. 如果无缺陷通过,若有时间,可以与检查官多交流,以便了解更多的检查信息。

5.2.6.2 训练方法

每个班级最多由 20 名学员组成,4 名学员组成一个团队,分别扮演轮机长、大管轮、二管轮、三管轮的角色,每个班级分成 5 个团队。首先,指导教师对即将训练的内容进行讲解,重点讲解沟通目的、沟通时机、沟通对象及有效沟通的方法,其次第一个团队开始训练、第二个团队观察第一个团队的训练状况,第三个团队准备,熟悉训练内容,第一个团队训练完毕,进行自我评价,第二个团队进行他评,依次类推,最后,指导教师总评。

PSC 检查视频

5.2.6.3 评估指南

轮机人员与 PSC 检查官的沟通与配合评估指南,见表 5 – 12。

表 5 – 12 轮机人员与 PSC 检查官的沟通与配合评估指南

评估题目	轮机人员与 PSC 检查官的沟通与配合
情景设计	PSC 检查官上船检查
序号	评估要求
1	考生应能迅速根据场景要求,指定角色,组建团队。指导教师担任 PSC 检查官角色,4 名学员分别担任轮机长、大管轮、二管轮及三管轮角色
2	轮机长接船长通知,PSC 检查官将下机舱检查,轮机长前去迎接,要求大管轮带领其他人员在机舱待命,并适当整理机舱环境
3	大管轮安排机舱人员做迎检工作的准备,包括环境的简单清洁、整理等

表 5 – 12(续)

评估题目	轮机人员与 PSC 检查官的沟通与配合
4★	二/三管轮向大管轮汇报自己主管的设备情况和所需的工作
5	PSC 检查官来到机舱,在轮机长带领下,各轮机员陪同检查,回答 PSC 检查官提出的问题,以及按要求进行的实际操作试验
6	检查官要求二/三管轮指出应急空压机位置,并做实效测试
7★	二/三管轮把检查官带到该装置前,讲解管路和阀件情况,并启动应急空压机
8	完成该项测试后,再陪同检查官完成机舱检查,直到检查官满意为止

注:打★为关键操作,操作错误本题直接判为零分。

5.2.6.4　评估方法

1. 环境的认识

包括港口或者锚地的相关信息。

2. 沟通方式选择

根据当时的情景选择合适的沟通方式,如书面语言、口头语言、肢体语言等。

3. 沟通的过程

包括需要(请求向接受方发送信息,发送方收集和安排信息的内容)、发送、接受、应答、反馈。

5.2.6.5　评估标准

1. 语言交流清楚和无歧义,对有疑问的决定和行动适当询问和回复,沟通方式合理。(100%)

2. 语言交流比较清楚和无大的歧义,对有疑问的决定和行动较少询问和回复,沟通方式一般。(80%)

3. 语言交流模糊容易产生歧义,对有疑问的决定和行动较少询问和回复,沟通方式较少。(60%)

4. 语言交流较少,对有疑问的决定和行动无询问和回复,沟通方式单一。(40%)

5. 无语言交流,对有疑问的决定和行动无询问和回复,沟通方式不合理。(0% ~20%)

5.2.6.6　实训报告

实训报告采用表格形式,分别由学生、观察员和指导教师填写,见表 5 – 13。

表 5－13　实训报告

姓名：	班级：		学号：
身份证号码：		期数：	
报告内容：			
自我评价：			
观察员评价：			
教师评价：			
总评：			

任务 5.3　计 划 编 制 与 实 施

5.3.1　轮机部日常维修保养的计划编制与实施

5.3.1.1　相关知识

1. 编制维修保养计划的依据

（1）设备的维修间隔期、维修周期。

（2）设备的档案资料。

（3）设备修理复杂系数。

（4）修理、保养工作的各项定额。

（5）设备年度技术状况普查资料。

(6)设备下年度计划开动台数及产品对设备的要求。

2.维修保养计划的编制

(1)编制计划中应注意日常工作中急需的、影响船舶安全的,关键操作的设备应重点安排。日常工作中的单一关键设备,应尽可能安排在停泊和不影响船舶航期的前提下抢修,以缩短停歇时间。

(2)在编制时应考虑到维修保养工作量的平衡,使全年维修保养工作能均衡地进行,同类型设备尽可能安排连续修理。四季度维修保养项目的工作量应适当减少,为下年度多留出生产准备的时间。

(3)船舶日保养及月度保养计划由轮机部负责人依据本船实际情况制订,并由公司机务部统一组织实施并检查。

(4)船舶年度(季度)保养,由公司统筹安排,计划检修项目由船舶依其技术状况编写,经公司机务部审核,并至少提前1个月报分公司船舶管理部门,经审批后由公司机务部组织实施。

(5)制订维修保养计划要经过细致的调查研究,要做技术上和零配件的准备。

3.日常维修保养的主要内容

(1)船舶日常维修保养内容和计划的确定应依据船舶维修保养体系(CWBT)的思想和原则,并借鉴和引用CWBT管理技术中四类八级维修制及与之相对应维修周期的概念;日保养、月度保养沿用CWBT管理技术中A、B、C级保养的表格管理形式,停航检修则按船舶技术状况并主要针对D、E、F级保养要求编制维修计划。

(2)日保养:以制订日保养工作计划表的形式进行(A、B级维修保养)。其主要内容是:搞好船舶环境和设备的清洁卫生,对设备进行检查并排除“三漏”(水、油、气),检查蓄电池及电解液比重,检查机油柜、发动机、齿轮箱等的机油位、膨胀水箱冷却水液面高度等。

(3)月度保养:以制订月度保养工作计划表的形式进行(C、D级维修保养)。其主要内容是:检查窗、门、盖水(风雨)密性能;清洗或更换燃油、机油滤器及空气滤清器;检查主机等设备的润滑状态;对各设备按规定定时加注润滑油等;风油切断、火灾报警、集中监控常规检查;检查液压舵机管路密封性能、油质;检查泵水封、尾轴油、水封密封性等;其他必要的维护保养工作。

(4)季度保养:计划检修项目由船舶负责编制(D、E级维修保养),报批后执行。其主要内容是:检查轴系、管系;拆检主、副机、电气设备或更换部件;检查舵系统及其他航行设备;其他必要的检修。

(5)年度检修:计划检修项目由船舶负责编制(E、F级维修保养),报批后执行。其主要内容是:甲板机械;主、辅机等设备的检修保养按其“保养手册”执行,其他项目参照季度检修项目执行。

5.3.1.2　训练方法

每个班级最多由20名学员组成,4名学员组成一个团队,分别扮演轮机长、大管轮、二管轮、三管轮的角色,每个班级分成5个团队。首先,指导教师对即将训练的内容进行讲解,重点讲解沟通目的、沟通时机、沟通对象及有效沟通的方法,其次让第一个团队开始训练、第二个团队观察第一个团队的训练状况,第三个团队准备,熟悉训练内容,第一个团队训练完毕,进行自我评价,第二个团队进行他评,依次类推,最后,指导教师总评。

5.3.1.3 评估指南

轮机部日常维修保养计划的编制与实施评估指南见表 5 – 14。

表 5 – 14 轮机部日常维修保养计划的编制与实施评估指南

评估题目	轮机部日常维修保养计划的编制与实施
情景设计	轮机部在办公室讨论日常维修保养计划的编制与实施
序号	评估要求
1	考生应能迅速根据场景要求,指定角色,组建团队
2	轮机长下达编写设备日常检修计划的通知,轮机部其他人员分别检查各自负责设备的技术状态
3	轮机部人员根据各自负责设备的技术状态提出并编写设备日常检修计划
4*	二/三管轮将编写的设备日常检修计划交大管轮汇总,与大管轮进行沟通,并交予轮机长审批
5	大管轮根据设备日常检修计划分配人员进行检修,这时二/三管轮参加并说明自己主管设备的分配人员情况
6	二/三管轮将检修的情况汇报大管轮,并与其沟通,轮机部人员将检修的有关内容记录在各自的检修记录簿上,大管轮将检修的有关内容记录在轮机日志上

注:打★为关键操作,操作错误本题直接判为零分。

5.3.1.4 评估方法

1．任务目标的认知

首先选出优先进行的任务目标,然后将目标量化分解为具体的行动目标。

2．优先排序

对目标和有时间冲突的任务能按照重要紧急程度进行优先排序。

3．人员的指派

明确人员的分工、任务的标准以及人员的权限。

4．时间和资源的限制

明确每个任务所需的时间和设备等资源。

5．计划的协调

能根据任务的变化情况适时调整工作计划和资源。

5.3.1.5 评估标准

(1)对任务目标有合理的认知,计划和协调完善,人员的指派合理,充分考虑时间和资源的限制,时间和资源的优先排序合理。(100%)

(2)对任务目标有合理的认知,计划和协调完善,人员的指派合理,充分考虑时间和资

源的限制,时间和资源的优先排序不合理。(80%)

(3)对任务目标有合理的认知,计划和协调完善,人员的指派合理,没有考虑时间和资源的限制,时间和资源的优先排序不合理。(60%)

(4)对任务目标有合理的认知,计划和协调完善,人员的指派不合理,没有考虑时间和资源的限制,时间和资源的优先排序不合理。(40%)

(5)计划编制混乱,无法实施。(0% ~20%)

5.3.1.6 实训报告

实训报告采用表格形式,分别由学生、观察员和指导教师填写,见表 5 – 15。

表 5 – 15 实训报告

姓名:	班级:		学号:
身份证号码:			期数:
报告内容:			
自我评价:			
观察员评价:			
教师评价:			
总评:			

5.3.2 轮机部备件的申请、接收和保管

5.3.2.1 相关知识

船舶备件主要是指船舶为主动力推进装置、辅助机械、电力装置(电器、电气元件)及各类管系等更新、替换所储存的部件、配件和零件。

船舶备件管理就是指对备件的储存计划、申请、审批、购置、保管、登记、使用和报告等一整套科学、标准、规范的管理方法。船舶备件管理是机务管理的一个重要组成部分,是船舶安全营运的关键环节之一。船舶有效储备一定数量的备件,保证机、电、动力设备的正常运转,是营运生产的需要,也是安全的重要保证。

(1)备件管理原则

①由轮机部船员主管的机、电、动力设备和其他设备备用的成品零部件等都属于备件范围之列。

②轮机备件由轮机长直接管理,具体负责备件库的整理和出入库登记。各轮机员在详细掌握自己所属设备备件的库存情况的基础上,做出备件补充申请单,但备件的出入库必须由轮机长亲自办理。轮机长对备件申请单把关,签署后报公司技术部,并经常对备件的管理进行检查和指导。

(2)备件申请

①各主要设备的备件存量应达到船级社的最低要求。

②船舶易损、易耗备件,由公司技术部根据船存数量及船舶实际情况实行计划订购。

③备件年度申购计划应根据备件定额、船存数量、设备实际情况、维护保养计划和消耗规律由主管轮机员提出,经轮机长审核汇总,船长签署后于上年十一月底,上报公司技术部审订。原则上一年中备件计划申购次数不应超过两次。

④备件申请必须使用公司的标准格式。

⑤申请备件时,应翔实、清楚地填写所申购备件所属设备的船名、机型、机号、制造厂家、备件名称、备件号或规格、申请数量、船存数量。另外申请单必须有轮机长及船长签字及船章。如有特殊要求则填报在备注栏内。申请单一式两份,一份留船,一份交公司技术部。申请不同机型的备件分别填写申请单,不要一单多用。

⑥申购一些无法辨别的部件,要尽可能附带样本绘图或其他有用的资料。部分备件属通用件,如各类阀门、温度表、液压软管、膨胀接头、泵的轴封、压力表、真空表、舱门胶条、液压无缝钢管、各种滤器等,请尽可能提供实际尺寸,以便市场采购或按样加工。

(3)备件接收

①一切备件必须经公司技术部批准,并由公司物资库订购送船。在正常情况下,备件由订购到交货约需 1~3 个月的时间。

②除紧急需用可在外港自行购买适量备件外(事先必须填写"物料、备件外购申请单"且获得公司技术部批准并通过所在港口代理或指定供应商购买),一律禁止在外自行购买或订购。

③每次收到备件时,轮机长应立即按签收单或装箱单核对来货。如发现与所订备件数

量或规格不符,应尽快通知公司技术部,并保存好不适用的项目待公司指示。原则上切勿尝试自行加工改装。

④当接到公司通知将有备件安排在外港交船时,船长及轮机长到港后要主动联系有关代理,避免漏交。船上收到备件后应及时电告公司,如果没有收到,离港后应立即电告公司,以便及时处理。

(4)备件保管

①各种备件应有专人保管并按所属设备分类整齐地存放在固定处所,不同设备的备件不要混放在一起,应方便取用。

②各种备件,尤其是大型、重型、精密的重要备件应妥善放置,做好衬垫、绑扎工作,防止翻倒、振动、碰撞。

③库存备件应设进出库登记本并翔实记录。各种备件应有明细卡片,以便准确地判明其名称、规格和所属设备。

④更换备件时,要填写备件消耗报表,并简要说明更换或损坏的原因。

⑤换下的旧件可继续使用的应尽可能修复留作备用。船员无能力修理的则应保存好并做好标注,报请技术部安排交厂修理。

⑥非正常损坏的零部件,应尽可能原样保存好,以便日后分析研究其损坏原因,避免重复损坏。

⑦根据备件保存的要求,定期进行清洁保养,防止锈蚀变质、变形,使各种备件随时处于可用状态。

⑧备件的报废,要由轮机长鉴定并每半年书面申报技术部欲报废备件明细表。待批准后,由物资库安排集中按规定处理。

⑨对于有特殊保管条件的备件,要按要求放置在适当的地方。

(5)备件清册

①备件清册一式两份。一份存船有轮机长保管,一份存公司技术部。船存备件增耗数量每季度报送技术部。

②按要求认真翔实地填写备件清册,做到账物相符。

③尚可使用的旧件也应登记如册,并注明质量、规格和成色,若经加工,则应填注加工后的尺寸。

④新造船和新购船在接收之后,轮机长应督促并组织各主管轮机员在一个月内清点完船存备件并建立备件清册。

⑤备件清册作为轮机长交接班手续之一。双方须交接清楚并在交接记录上签字。

5.3.2.2 训练方法

每个班级最多由 20 名学员组成,4 名学员组成一个团队,分别扮演轮机长、大管轮、二管轮、三管轮的角色,每个班级分成 5 个团队。首先,指导教师对即将训练的内容进行讲解,重点讲解沟通目的、沟通时机、沟通对象及有效沟通的方法,其次第一个团队开始训练、第二个团队观察第一个团队的训练状况,第三个团队准备,熟悉训练内容,第一个团队训练完毕,进行自我评价,第二个团队进行他评,依次类推,最后,指导教师总评。

5.3.2.3 评估指南

轮机部备件的申请、接收和保管是轮机部日常工作,下面以轮机部备件的申请、接收和保管为例阐述评估注意事项,见表 5 - 16。

表 5 - 16　轮机部备件的申请、接收和保管评估指南

评估题目	轮机部备件的申请、接收和保管
情景说明	轮机部在办公室讨论备件的申请、接收和保管
序号	评估要求
1	考生应能迅速根据场景要求,指定角色,组建团队
2	各轮机员根据所负责设备备件的船存量,以船级社要求的最低配备标准,结合设备的技术状况、船舶的营运情况提出并编写备件申请计划
3*	二/三管轮与大管轮沟通,由大管轮汇总,轮机长审核,船长批准后送公司机务管理部门批准
4*	备件到船后,轮机员的工作,例如:根据备件订单逐一确认备件号、数量、质量。
5	轮机员接收备件后,下一步的工作,如各种备件按所属设备分类整齐地存放在固定处所并做好标签;在备件册上做好入库记录
6	轮机员对备件管理的日常工作,例如:定期进行清洁保养,防止锈蚀、变质、变形,使各种备件随时处于可用状态

注:打★为关键操作,操作错误本题直接判为零分。

5.3.2.4 评估方法

1. 任务目标的认知

首先选出优先进行的任务目标,然后将目标量化分解为具体的行动目标。

2. 优先排序

能根据船舶备件是大型、重型、精密的备件还是一般备件进行优先排序。

3. 人员的指派

明确人员的分工、任务的标准以及人员的权限。

4. 时间和资源的限制

能考虑到时间、船员修理能力和备件库存等资源的限制。

5. 计划的协调

能根据船舶具体情况适时调整工作计划和资源。

5.3.2.5 评估标准

(1)对任务目标有合理的认知,计划和协调完善,人员的指派合理,充分考虑时间和资源的限制,时间和资源的优先排序合理。(100%)

(2)对任务目标有合理的认知,计划和协调完善,人员的指派合理,充分考虑时间和资源的限制,时间和资源的优先排序不合理。(80%)

(3)对任务目标有合理的认知,计划和协调完善,人员的指派合理,没有考虑时间和资

源的限制,时间和资源的优先排序不合理。(60%)

(4)对任务目标有合理的认知,计划和协调完善,人员的指派不合理,没有考虑时间和资源的限制,时间和资源的优先排序不合理。(40%)

(5)计划编制混乱,无法实施。(0% ~20%)

5.3.2.6　实训报告

实训报告采用表格形式,分别由学生、观察员和指导教师填写,见表 5 - 17。

表 5 - 17　实训报告

姓名:		班级:		学号:	
身份证号码:				期数:	
报告内容:					
自我评价:					
观察员评价:					
教师评价:					
总评:					

任务 5.4 轮机部团队的协调与配合

5.4.1 机舱检修工作中轮机长、轮机员之间的协调与配合

5.4.1.1 相关知识

1. 轮机长、轮机员要有良好的团队情景意识

机舱检修工作是一项多人协同共同完成的工作,轮机长、轮机员、机工是常见的一种工作组合。由于轮机部每个成员有着不同的个人情景意识,即使面对相同的情景,不同的人也会做出不尽相同的判断,单凭个人力量是很难保持高水平的情景意识的。因此,团队成员应认知他们各自的任务,在设备的检修工作中协作配合,形成良好的团队情景意识。

具体要求如下:

(1)正确地感知检修设备的实际状态与达到的标准。

(2)能敏捷地认知检修设备周围作业环境和作业空间是否相干涉。

(3)能全面地了解单项检修项目作业时间与总体检修时间是否协调,共用工具是否冲突,备品备件是否准备。

(4)能正确地预测检修工作中的突发事件并有相应的应急预案。

2. 轮机长、轮机员要有良好的沟通协调能力

沟通主要是通过信息和思想上的交流达到熟悉的目的,协调是为了取得行动的一致。在检修工作中,要做好沟通协调,主要有以下几点:

(1)轮机长、轮机员要做好情感上的沟通

人与动物的基本区别是人有思想有感情,具有个人局限和偏好,所以在工作中并不总是理智的。因此,了解和疏导、调节人的情感必然是管理沟通的重要工作。轮机长、轮机员要加强沟通,建立平等和亲切的感情,激发出主人翁的责任感和爱船如家的精神。

航运的高风险性、船员的工作环境、不规则的工作时间、极端温度、高强度劳动,以及长时间与家庭的分离等都会使船员的疲劳与压力加大。在检修工作中,轮机长、轮机员要相互沟通,切实了解彼此的疲劳与压力,合理安排工作时间与强度。工作中,向同事致以一个友好的微笑,轻轻地拥抱或拍打一下自己亲密同事的肩膀等等,都是一种情感沟通。实践表明,情感沟通的威力是十分巨大的,如果没有这项技能,就不会成为合格的轮机员或轮机长。

(2)轮机长、轮机员要做好业务信息沟通

在检修工作中,除了存在大量情感沟通之外,在工作层面上,更存在着大量的业务信息沟通,那就是人们对自己怎么工作和应该怎么工作及目前工作情况等的沟通。业务信息沟通其实是管理中每时每刻发生而且必须发生的工作。按照其内容指向不同,又可分为工作指令、工作意见和工作建议三大类内容的沟通。在检修工作中,轮机长在检修前召集轮机部人员开会,就检修任务、检修原因、工作时间、检修地点、人员的分工、安全注意事项进行充分沟通和协调,制订工作计划。

（3）轮机长、轮机员要做好责任、权利、利益的沟通

机舱中的任何一个船员，在任何一个较长时段内，都有比较明确的权利、责任和利益划分。船员在机舱中的责任和权利，构成了机舱管理中的劳动分工、岗位职责和授权划分。船员在机舱中的利益，主要是经济利益和组织地位，也是激励船员干好工作的必要条件和关键因素。检修过程中，根据检修工作计划，轮机部人员各司其职、各负其责，有序开展工作，准备检修工作需要的工具、量具、备件和物料，在相关部位悬挂"禁止合闸""禁止启动"等警示牌，设备负责人负责检修设备的切断、参数调整等事项。

（4）轮机长、轮机员要做好制度上的沟通

船舶航行和管理的规章制度是船舶管理的常规化部分，即例行管理部分。事实上，例行管理是船舶安全航行的重要保健因素。没有保健因素，再好、再强壮的人也要生病甚至死亡；没有例行管理，再好、再先进的船舶也会发生不必要的安全事故。检修工作开始前，轮机长与船长进行充分沟通，征得船长的同意，并就具体事项与甲板部值班人员进行沟通。检修完成后，检修设备进行装复并按计划进行测试，对检修工作进行总结。

3.轮机长、轮机员要有良好的领导力和科学的决断力

领导是团队的核心，领导力是领导者应当具备的核心素质。在轮机部，轮机长是轮机部的领导者，要对轮机部负责，轮机长拥有绝对的权威，在有争议的情况下，下属必须服从轮机长所做出的决定。但是，每个轮机员都会面临独自领导机工去处理复杂问题的局面，不能仅仅局限于领导者的领导力，而需要培养轮机长、轮机员的领导力。决断力作为领导力的重要一方面，也越来越受到领导者的高度重视。

（1）充分利用团队经验，提高科学决策能力

科学的决策是工作取得实效的关键。要提高科学决策能力就必须深入调查研究和善于集思广益。

一是要调查研究。轮机长、轮机员要深入机舱，调查设备情况，对于一些关键设备的拆检，还得自己亲自参加，学会"解剖麻雀"，这样有利于自己掌握第一手维修资料，也有利于了解和熟悉关键性设备，为科学的决策提供依据。

二是要充分利用团队经验。轮机长、轮机员要善于总揽、不要独揽，要善于决断、不要盲断，凡是涉及设备检修的重大问题，必须充分吸收团队经验，由轮机部团队集体讨论决定，按民主集中制原则，虚心听取大家意见，在吸纳集体智慧的基础上再做出决定。这样才能保证决策的正确性。

（2）提高全员执行能力

执行力的强弱直接决定着轮机部管理水平的高低，同时也体现了轮机长、轮机员的领导能力。

提高执行能力，一是必须全面贯彻船舶安全管理体系的要求，严格按照程序和操作规程办事，切实做到政令畅通、令行禁止，在内部形成说干就干、雷厉风行的办事风格，不折不扣、优质高效地完成轮机长、轮机员交办的各项工作任务。检修现场出现计划安排中未能发现的问题应及时请示领导，尽快确定补救方案使问题造成的损失降到最小。应重点关注检修时间长短及关键设备的检修项目，确保重点检修项目不受它因干扰顺利完成。

二是要严格落实执行责任制,制订详尽可行的检修工作计划,制订科学合理的工作标准,明确每个岗位的工作职责。

三是要切实增强团队精神,充分发挥团队优势,严禁推诿扯皮的行为,杜绝"各扫门前雪、不管瓦上霜"的现象,强化沟通交流,加强团结协作,切实提高全员整体执行能力。

(3)提高管理能力

强化内部管理有助于规范工作行为、提高管理水平,能增强轮机长、轮机员掌控全局的能力。

提高管理能力,一是凝聚人心。轮机长、轮机员要在轮机部内形成一个心理凝聚磁场,聚成一股合力,在检修工作中相互谅解、相互支持,形成一个融洽、和睦、友好的工作气氛和环境,产生强烈的信任感。

二是运用激励的方法来激发轮机人员的动机。轮机长、轮机员从技术水平、工作态度、工作能力、工作成效等方面对轮机人员进行业务考核。在检修工作中,对表现好、业务精、敬业精神好的轮机人员要进行表扬,寻找适当时机向公司推荐职务提升,同时辅以经济手段进行奖励。

三是良好的沟通协调能力。领导是公平与合理的化身,在坚守公平合理的同时,必须做好沟通协调工作。在检修工作前,首先进行详细的组织分工,各负其责,根据检修的轻重缓急协调轮机员的工作;其次,对分析故障有不同看法,应实事求是地给予指导和分析,在操作中遇到疑难问题适当停顿休息,共同探讨解决;最后,按规章制度协调机工之间的争执和矛盾,使工作能安全、顺利地进行。

综上所述,领导能力是一个综合能力,能否将领导力表现为影响力,需要领导者加强自我修炼,不断提高自身综合素质,把领导力转变为决策力、执行力和管理力。这三个力是一个有机的整体,决策力是前提,执行力是关键,管理力是核心,作为领导者,必须结合工作实际,切实提高自身素质,从而不断推动事业向前发展。

4.检修工作中,轮机长、轮机员要充分运用团队经验

轮机部的每一个人员都有很多经验教训,但通常是分散的,不成系统。轮机长、轮机员要在检修工作中整理、加工和传递自己的经验,形成团队经验。一般分为两个方面:一是提炼成完整的案例,展示一个团队对检修工作的系统思考以及综合解决问题的过程,主要表现为团队作业的整体经验;二是提炼出解决"关键过程以及难点"的有效办法,主要表现为个人的独到经验。

5.4.1.2 训练方法

每个班级最多由20名学员组成,4名学员组成一个团队,分别扮演轮机长、大管轮、二管轮、三管轮的角色,每个班级分成5个团队。首先,指导教师对即将训练的内容进行讲解,重点讲解沟通目的、沟通时机、沟通对象及有效沟通的方法,其次第一个团队开始训练、第二个团队观察第一个团队的训练状况,第三个团队准备,熟悉训练内容,第一个团队训练完毕,进行自我评价,第二个团队进行他评,依次类推,最后,指导教师总评。

5.4.1.3 评估指南

机舱检修工作中轮机长、轮机员之间的协调与配合评估指南见表5-18~表5-22。

表5-18 轮机设备检修前,轮机部安全和检修工作例会召开的评估指南

评估题目	轮机设备检修前,轮机部安全和检修工作例会召开
情景设计	船舶处于抛锚状态,时间较长,轮机部计划展开设备的检修工作
序号	评估要求
1	考生应能迅速根据场景要求,指定角色,组建团队
2	在轮机办公室或机舱集控室,大管轮收集和汇总信息(从其他轮机员和机工长处),综合考虑各种因素,合理制订今天的工作计划,并报轮机长。这时二/三管轮及其指定的角色要根据自己主管设备的情况进行发言并和大管轮沟通。得到轮机长同意后,科学地安排今天的工作
3	轮机员工作要注意的问题。如是否需要通知甲板部,哪些情况要与驾驶台保持紧密联系,需要甲板部协助,提前联系。此时评估轮机员的沟通与配合动作
4	轮机员制订自己主管项目的检修工作的预案。找出每一步检修工作中可能存在的不安全因素,发现风险;工作的各种步骤,所需工具的准备;所需备件,图纸的准备;根据上述准备一起协商。此时评估轮机员的沟通与配合动作
5*	轮机员填写的各种检查单,在检修开始前,务必组织自己主持的检修团队认真落实检查单中的每一条。须轮机长或船长签字确认才能开始检修的项目,开工前,须批准。如进入封闭场所、电焊作业等等。此时评估轮机员的沟通与配合动作
6	评估二/三管轮在工作中需要与大管轮良好的协商、配合,在自己主持的工作中,能合理分配整个检修任务(如检修前的准备,设备切断,参数调整,驾驶台与机舱之间的联系等等),能根据机舱实际情况按大管轮的分配根据轻重缓急,不抢先,不耽误事,既要听从指挥又要保证自己主管设备的状态良好,能和甲板部良好合作。以上工作,均记入工前会记录本

注:打★为关键操作,操作错误本题直接判为零分。

表5-19 检修前,轮机长/轮机员与甲板部的沟通与协调评估指南

评估题目	检修前,轮机长/轮机员与甲板部的沟通与协调
情景设计	船舶处于抛锚状态,预计时间较长,轮机部计划展开设备的检修工作,检修前,轮机长/轮机员与甲板部的沟通与协调
序号	评估要求
1	考生应能迅速根据场景要求,指定角色,组建团队
2	二/三管轮根据情况制订今天的工作计划,报大管轮汇总。大管轮报轮机长批准后,征询船长意见。船长请示港方或公司,获得同意后,回复大管轮。二/三管轮可以开始今天的检修计划
3*	二/三管轮作业前,需要甲板部协助的项目要事先列出,并向大管轮汇报后,由大管轮与甲板部沟通
4	根据大管轮的指示,二/三管轮与甲板部指定人员保持紧密联系,根据实际情况确定联系的内容
5	有些工作需要甲板部大副亲自配合时,二/三管轮请大管轮协调大副配合。例如需要保证船舶平衡和需要关闭一些总航行设备时,应当由大管轮亲自出面协调
6	检修结束后,二/三管轮及时向大管轮汇报检修情况,并通知甲板部值班人员,检修工作完成

注:打★为关键操作,操作错误本题直接判为零分。

表5－20　检修过程中,设备负责人之间就所负责设备切断、参数调整等事项的沟通与配合评估指南

评估题目	检修过程中,设备负责人之间就所负责设备切断、参数调整等事项的沟通与配合
情景设计	检修过程中,设备负责人之间就所负责设备切断、参数调整等事项的沟通与配合
序号	评估要求
1	考生应能迅速根据场景要求,指定角色,组建团队
2	根据事先制订的工作计划,检修准备正式开始。由轮机员事先把计划说明。其中要求包括工作的内容、步骤、注意事项和所需要的配合人员。
3*	轮机员与电机员的沟通。例如:通知电机员可以切断电源。电机员接到指令后,对需检修设备立即关闭电源,挂上"禁止启动"警示牌,必要时为防止意外,采取拔掉保险丝。完成任务后,电机员报告负责轮机员电源已切断
4*	轮机员作为设备负责人,切断需检修设备与其他设备的联系。对含有高压高温的设备,首先对其进行泄压、减温,保证该设备在检修过程中无风险后,才能开始进行检修
5	轮机员检修时,发现一些重要参数不正确,需要调整。轮机员与其他协助人员一起,查找可能造成参数不正确的原因,并参照设备说明书的要求,对需要调整的参数进行正确调整,调整后的参数,能保证设备的安全运行。如果查找不出,须轮机长协助的,要向轮机长申请协助
6	轮机员在完成检修工作时,需要对检修的设备做一次全面的性能测试。轮机员确认设备正常后,通知电机员可以拿走警示牌,合上电源,投入运行,报告轮机长,检修结束。由大管轮将以上工作记入轮机日志,调整后的参数记入设备保养记录本

注:打★为关键操作,操作错误本题直接判为零分。

表5－21　设备检修工作的组织与实施评估指南

评估题目	设备检修工作的组织与实施
情景设计	轮机部计划展开设备的检修工作,如何进行设备检修工作的组织与实施
序号	评估要求
1	考生应能迅速根据场景要求,指定角色,组建团队
2	轮机员是设备检修的负责人。轮机员首先按事先制定好的工作计划,开始准备(检修的设备可以现场指定,可以为消防泵,油水分离器,分油机;也可以是空压机,锅炉等)。大管轮召集参加检修人员,讨论并布置今天的工作任务,确定具体人员。轮机员在组织与实施时,分工要明确,措施要到位,人员安排合理,能人尽其能,物尽其用,科学有效
3	主管轮机员对检修所需的工具进行整理,没有的工具进行补齐或代替,如果解决不了,及时向大管轮汇报。
4	主管轮机员对检修所需的工具进行安全检查。如液压设备是否安全可用,及时更换漏油的液压管,行车的操作开关是否灵敏,各种起重葫芦是否符合标准,能否保证安全起重,链条是否完好,等等。发现问题,及时解决
5	主管轮机员安排准备工作。如断水断电;把设备从系统中解列等工作;安排布置场地,排除场地中不安全因素(如有可能出水时,对电器设备的覆盖,对水流的处理等);对有可能漏油的检修工作,要把防止油污等物料和设备准备好

表 5 – 21(续)

评估题目	设备检修工作的组织与实施
6★	开始作业后,主管轮机员一方面要照顾到工作的进程,详知各作业环节的注意事项,提醒所有检修人员,严格遵守工作制度,操作规程和劳动纪律,提醒检修人员按正确的方法使用专用工具。另一方面注意对检修人员统一安排,如在进行消防水泵的拆检时,要有机工长的配合,还有电机员、白班机工和实习生的分工安排
7	在完成检修工作后,主管轮机员负责恢复现场。例如:整理好工具,撤离现场的各种隔离措施,摘除各种警示牌,报告大管轮、轮机长,检修结束,准备试车实验。以上检修工作,应当有合适的联系方式联系大管轮,由其记入轮机日志

注:打★为关键操作,操作错误本题直接判为零分。

表 5 – 22 检修完成后,设备测试工作的组织与实施评估指南

评估题目	检修完成后,设备测试工作的组织与实施
情景设计	轮机部完成设备的检修工作后,如何进行设备测试工作的组织与实施
序号	评估要求
1	考生应能迅速根据场景要求,指定角色,组建团队
2	二/三管轮作为设备主管轮机员,应报告大管轮,设备检修工作已经完成。大管轮接到汇报后,请示轮机长,得到同意后,同意由设备主管轮机员组织和实施对检修设备的测试,对相关人员进行工作布置。如需要驾驶台协助时,与驾驶台保持沟通
3	主管轮机员进行设备检修前工作布置。要确认设备所有部件已经正确连接后,并通知相关人员对检修设备进行补油、补水、管路驱气,如果发现存在泄漏现象,及时消除。再运行该设备的附属系统,保证附属设备正常
4	确认附属设备正常,对检修后附属设备进行评估(如盘车或手动让设备转一下,如运转轻松无阻碍,说明设备可以试运转)。主管轮机员通知电机员:检修的设备可以合闸或值班人员可以试运行(要时刻保证设备可以随时停止,同时对现场要做好一旦损坏,也不可伤人等预防措施)
5★	主管轮机员现场观察检修设备运行状态。如仔细倾听该设备的声音和振动,观察设备的主要性能参数,并与以前运行的状态参数相比较,如果主要性能参数和状态符合要求,磨合后,可对设备进行加压或加载,情况允许的话,直至正常状态
6	测试结束后,主管轮机员将测试记录和结果报告大管轮,大管轮报轮机长,待轮机长审核后,宣布测试结束。结束后大管轮将工作记入轮机日志

注:打★为关键操作,操作错误本题直接判为零分。

5.4.1.4 评估方法

1.情景意识

对于所做的工作,要有感知、认知、全面了解以及预测等方面的团队情景意识。

2.沟通能力

团队要做好情感上、业务信息上、制度上,以及责任、权利、利益的沟通。

3.轮机员(长)的领导力和决断力

能体现出科学决策能力、全员执行能力、管理能力。

4.团队经验

能体现出完整案例提炼的整体经验和由"关键过程以及难点"提炼的个人经验。

5.4.1.5 评估标准

1.具有良好的情景意识,沟通能力强,有领导力和决断力,配合良好。(100%)

2.具有良好的情景意识,沟通能力较强,有领导力和决断力一般,配合较好。(80%)

3.具有良好的情景意识,沟通能力一般,有领导力和决断力一般,配合一般。(60%)

4.情景意识较差,沟通能力一般,有领导力和决断力一般,配合一般。(40%)

5.没有情景意识,沟通能力一差,没有领导力和决断力一般,配合差。(0% ~ 20%)

5.4.1.6 实训报告

实训报告采用表格形式,分别由学生、观察员和指导教师填写,见表5 – 23。

表 5 – 23　实训报告

姓名:		班级:		学号:	
身份证号码:				期数:	
报告内容:					
自我评价:					
观察员评价:					
教师评价:					
总评:					

5.4.2 备车工况下,轮机长、轮机员之间的协调与配合

5.4.2.1 相关知识

1. 正确的工作态度和良好的团队情景意识

在备车过程中,为了具有并保持良好的情景意识,轮机部人员必须具有正确的工作态度。对于情景意识,要做到以下几点:

(1)轮机部团队能正确地感知船舶状态、机舱设备实际状况以及与备车有关的信息。

(2)对于备车工作的程序、设备操作以及安全注意事项有充分的认知和全面了解。

(3)对于备车阶段可能出现的特定行为进行情景预想,做好必要的戒备和采取适当措施,从容应对备车中出现的特殊情景。

2. 按照合理的优先顺序进行资源分配、人员指派

轮机部人员到达机舱后,团队领导(轮机长)组织大家在合适地点(例如集控室)采取"O"形或"U"形的站位,召开备车前任务安排会。

(1)值班人员就备车的相关信息、机舱设备的实际状态和轮机长进行沟通。

(2)轮机部其余人员就自己的休息情况、疲劳程度、正在进行的工作以及主管设备的状况与轮机长进行沟通。

(3)轮机长就团队成员的实际职务、经验、设备熟悉情况与团队成员进行充分沟通。

(4)轮机长综合以上各种情况,对于备车工作中的角色分工、责任,以及信息、通信等资源进行充分讨论。

(5)轮机长就团队角色指派、资源利用、值班人员安排、备车安排做简要说明并获得团队成员的承诺。

3. 保持良好的通信和沟通

备车工作需要团队成员清楚地知道各自所处的情景,采取多种有效的手段加强和保持通信和沟通。为了确保准确、有效、严肃、及时地传递信息,与其他轮机人员进行积极有效的沟通,轮机人员必须熟练地掌握船内通信工具和信号装置的使用。在备车过程中,要始终保持良好的沟通,主要包括三方面:

(1)上行沟通

一方面,轮机长把机舱备车的进度、完成情况以及需要驾驶台配合的情况及时地与驾驶台进行沟通;另一方面,轮机人员把备车的完成情况、设备状态、有益的建议、是否遇到疑难问题以及是否需要他人协助等问题及时反馈给轮机长。

(2)下行沟通

轮机长综合各方面的信息,把驾驶台的指令以及自己的决策、安排以及建议方法清楚无歧义地传达给轮机人员,协调他们的行动,使备车工作正常地进行。

(3)平行沟通

在备车过程中,团队成员遇到疑难问题或需要他人协助时,成员之间采取合适的方式进行沟通,同时把沟通情况反馈给轮机长。

4. 良好的领导力和科学的决断力

轮机长(员)的领导力和决断力是领导者应当具备的核心素质。领导力不足会造成团队管理混乱、效率低下,严重者可能还会造成团队重大损失。

备车过程中,要保持良好的领导力和科学的决断力,主要体现在四方面:

(1)决断力

一是充分了解船舶、机舱以及与备车有关的信息,为科学地决策提供依据。二是轮机长、轮机员要善于吸收团队经验,虚心听取大家意见,在吸纳集体智慧的基础上做出决策。三是对备车的一些关键工作具备预见、评估、防范和化解风险的意识与能力。

(2)组织、协调能力

备车工作既有独立性,又有相互的合作性,在这个工作中,领导采取一定的措施消除发生的各种分歧,协调相互之间的关系和活动,使备车工作正常地进行。

(3)控制力

主要体现在三方面。一是在备车过程中,轮机长督促团队成员遵守操作程序和规章制度。二是根据情况,轮机长要不断发出各项指令、指导信息以及对其执行情况反馈信息的搜集和分析,及时排除影响备车的因素,保证备车的实现。三是在备车过程中,轮机长能激发和鼓舞团队成员的斗志,发掘、充实和加强他们的动力,自觉地为完成工作而努力。

(4)监督检查

轮机长检查备车工作的执行情况,把实际情况同既定目标、备车程序进行对比,发现差异,找出原因,采取措施,加以解决。

5. 良好的团队精神

良好的团队精神可以充分发挥集体的潜能。主要体现在三方面:

(1)团队的凝聚力

在备车过程中,每个团队成员都对团队的成绩表现出一种荣誉感,对团队的成功表现出一种骄傲,对团队的失误表现出一种忧虑。

(2)团队的协作意识

在备车过程中,每个团队成员彼此信任、互敬互重、遵守承诺,都应留心所发生的任何情况,以便及早发现失误。团队成员间要相互提供支持,要共同按照轮机长的决策和授权办事,成绩共享,责任共担。

(3)团队高昂的士气

团队成员对备车工作尽心尽力,有很高的工作积极性,自愿为团队和同事付出额外的努力。

6. 合理的团队自评

备车工作结束后,轮机长、轮机员应从情景意识、资源分配、人员指派、通信和沟通、领导力和决断力等方面做好备车工作自评。团队领导要有客观评判的能力和勇气,团队成员要主动沟通,客观地去分析和评价工作任务,好的地方要鼓励和引导,不好的地方需要严格批评和指正,从而使每个团队成员都有成长的空间,从而不断积累经验以使备车工作和团队的协调配合不断优化。

5.4.2.2 训练方法

每个班级最多由 20 名学员组成,4 名学员组成一个团队,分别扮演轮机长、大管轮、二管轮、三管轮的角色,每个班级分成 5 个团队。首先,指导教师对即将训练的内容进行讲解,重点讲解沟通目的、沟通时机、沟通对象及有效沟通的方法,然后让第一个团队开始训练、第二个团队观察第一个团队的训练状况,第三个团队准备,熟悉训练内容,第一个团队训练完毕,进行自我评价,第二个团队进行他评,依次类推,最后,指导教师总评。

备车视频

5.4.2.3 评估指南

备车时,轮机长、轮机员之间的协调与配合评估指南见表 5 – 24。

表 5 – 24 备车时,轮机长、轮机员之间的协调与配合评估指南

评估题目	备车时,轮机长、轮机员之间的协调与配合
情景设计	停泊时,值班轮机员接驾驶员通知备车
序号	评估要求
1	考生应能迅速根据场景要求,指定角色,组建团队
2	值班机工接到驾驶台通知备车,通知当值轮机员,二/三管轮为当班轮机员
3	当班轮机员接到通知备车后的动作。如下机舱,询问值班机工;问驾驶台情况,记录备车时间;将备车信息及时告知轮机长,听候轮机长的命令等
4*	当班轮机员接到轮机长备车命令后的动作如将备车信息告之相关人员(电机员及值班机工);按备车的要求对各相关的机电设备进行检查和开启,注意当班轮机员与值班机工的协调与配合等
5	当班轮机员继续备车前准备工作。如会同驾驶员对车钟;大管轮会同驾驶人员对舵机进行检查和启动;汇总检查的结果告知轮机长
6	1.大管轮应在开船前将主机滑油、主机汽缸油及副机滑油的存量告知轮机长; 2.二管轮应在开船前将船舶的燃料油存量告知轮机长; 3.三管轮应将机舱的污水/油情况告知轮机长
7	备车准备工作结束后: 1.通知轮机长可以下机舱; 2.轮机长下机舱冲车,试车; 3.如果一切正常,将主机备妥的信息告知驾驶台的值班驾驶员
8	1.轮机长应将与船长商定的主机转速告知当班轮机员; 2.大管轮(电机员)应将船上装载的冷藏箱工作状况告知轮机长; 3.各轮机员(电机员)应将应急、消防及防污染设备的检查状况告知轮机长
9	1.轮机长将情况汇总后按公司规定方式通知船长(有的公司是填写标准格式的报告单,有的公司是用船舶内部邮箱联系,有的是由值班轮机员联系值班驾驶员,等等); 2.轮机人员在机舱准备,机动航行

注:打★为关键操作,操作错误本题直接判为零分。

5.4.2.4 评估方法

1. 资源的分配、分派和优先排序

团队领导能按照合理的优先顺序进行资源分配、人员指派,能对任务安排做简要说明并获得团队成员的承诺。

2. 情景意识

对于所做的工作,要有感知、认知、全面了解以及预测等方面的团队情景意识。

3. 沟通能力

团队要做好情感上、业务信息上、制度上,以及责任、权利、利益的沟通。

4. 轮机员(长)的领导力和决断力

能体现出科学决策能力、全员执行能力、管理能力。

5. 团队经验

能体现出完整案例提炼的整体经验和由"关键过程以及难点"提炼的个人经验。

6. 团队精神

能体现出团队的凝聚力、协作意识和高昂的士气。

5.4.2.5 评估标准

1. 团队领导能按正确的优先顺序分配任务,沟通能力强,具有良好的决断力和领导力,具有良好的情景意识,充分考虑团队经验。(100%)

2. 团队领导能按正确的优先顺序分配任务,沟通能力强,具有良好的决断力和领导力,情景意识一般,团队经验一般。(80%)

3. 团队领导能按正确的优先顺序分配任务,沟通能力强,决断力和领导力一般,情景意识一般,团队经验一般。(60%)

4. 团队领导分配任务一般,沟通能力较差,决断力和领导力一般,情景意识一般,团队经验一般。(40%)

5. 团队领导不能按正确的优先顺序分配任务,沟通能力差,没有决断力和领导力,情景意识差,配合差。(0% ~20%)

5.4.2.6 实训报告

实训报告采用表格形式,分别由学生、观察员和指导教师填写,见表 5 – 25。

表 5 – 25 实训报告

姓名:	班级:		学号:
身份证号码:		期数:	
报告内容:			

表 5 － 25（续）

自我评价：

观察员评价：

教师评价：

总评：

5.4.3　正常航行时,轮机长、轮机员之间的协调与配合

5.4.3.1　相关知识

1.正常航行时的资源分配、人员指派

团队领导(轮机长)组织大家在合适地点(例如集控室)采取"O"形或"U"形的站位,召开正常航行前任务安排会。

(1)轮机部人员就船舶类型、机器类型和状况、情况变化时采用的特殊操作方式进行沟通。

(2)轮机长就值班人员的资格和经验、安全,以及环境保护、国际公约和当地规章与团队成员进行沟通。

(3)轮机长综合以上各种情况,对于正常航行中的角色分工、责任,以及信息、通信等资源与团队成员进行充分讨论。

(4)轮机长就团队角色指派、资源利用、值班人员安排做简要说明并获得团队成员的承诺。

2. 正确的工作态度和良好的团队情景意识

对于航行值班,值班人员必须具有正确的工作态度,以便具有并保持良好的情景意识。对于情景意识,要做到以下几点:

(1)值班人员能正确地感知船舶状态、机舱设备实际状况以及与航行有关的信息。

(2)对于航行期间,值班人员的职责以及安全注意事项有充分的认知和全面了解。

(3)对于值班期间可能出现的特定行为进行情景预想,做好必要的戒备和采取适当措施,从容应对航行中出现的特殊情景。

3. 保持良好的通信和沟通

正常航行过程中,值班人员采取多种有效的手段加强和保持通信和沟通。为了确保准确、有效、严肃、及时地传递信息,值班人员必须熟练地掌握船内通信工具和信号装置的使用。要始终保持良好的沟通,主要包括三方面:

(1)上行沟通

一方面,值班轮机员应将保证机舱安全值班的一切适当指示和信息及时地与驾驶台进行沟通;另一方面,当机器发生故障或损坏、失常现象、遇到疑难问题以及需要他人协助时,及时通知轮机长。

(2)下行沟通

一方面,值班轮机员把驾驶台的指令、自己的决策、安排以及建议方法清楚无歧义地传达给值班的普通船员,主、辅机能够安全有效地运行。另一方面,轮机长应保证将值班时拟进行的预防性保养、控制损害或修理工作等情况通知值班轮机员。

(3)平行沟通

正常航行中,轮机员之间的沟通主要有轮机长关于船舶系统和机器运转的常规命令和特别指示;对所有机器及系统运行的工作状况和参与涉及人员以及潜在的危险;污水舱、压载舱、污油舱、备用舱、淡水柜、粪便柜等使用状况和液面高度以及对其中贮存物的使用或处理的特殊要求;在燃油备用舱、沉淀柜、日用油柜和其他燃油贮存设备中的燃油液位高度和使用状况;有关卫生系统处理的特殊要求;各种主、辅机系统(包括配电系统)的操作方式和运行状况;监控设备和手动操作设备的状况;蒸汽锅炉运行以及有关的设备状况和操作方式;由于恶劣天气、冰冻、被污染的水域或浅水引起的潜在不利条件;由于设备故障或危及船舶安全的情况而采取的特殊操作方式和应急措施;有关分派给机舱普通船员任务的情况;消防设备的有效性。

4. 良好的领导力和科学的决断力

轮机长(员)的领导力和决断力是领导者应当具备的核心素质。领导力不足会造成团队管理混乱、效率低下,严重者可能还会造成团队重大损失。在航行过程中,要保持良好的领导力和科学的决断力,主要体现在四方面:

(1)决断力

一是充分了解船舶、机舱以及与航行有关的信息,为科学地决策提供依据。二是轮机长(员)要善于吸收团队经验,虚心听取大家意见,在吸纳集体智慧的基础上做出决策。三是对航行的一些关键工作具备预见、评估、防范和化解风险的意识与能力。

（2）组织、协调能力

正常航行既有独立性，又有相互的合作性，轮机长、值班轮机员采取一定的措施消除值班人员发生的各种分歧，协调相互之间的关系和活动，机舱各机械设备能够安全有效地运行。

（3）控制力

主要体现在三方面：一是值班过程中，轮机长、值班轮机员督促值班人员遵守操作程序和规章制度。二是根据情况，值班轮机员要不断发出各项指令、指导信息以及对其执行情况反馈信息的搜集和分析，及时排除影响正常航行的因素。三是值班过程中，值班轮机员能激发和鼓舞值班人员的积极性，发掘、充实和加强他们的动力，自觉地为完成工作而努力。

（4）监督检查

轮机长、值班轮机员检查值班的执行情况，把实际情况同值班职责进行对比，发现差异，找出原因，采取措施，加以解决。

5. 良好的团队精神

良好的团队精神可以充分发挥集体的潜能。主要体现在三方面：

（1）团队的凝聚力

航行值班过程中，每个团队成员都对团队的成绩表现出一种荣誉感，对团队的成功表现出一种骄傲，对团队的失误表现出一种忧虑。

（2）团队的协作意识

航行值班过程中，每个团队成员彼此信任、互敬互重、遵守承诺，都应留心所发生的任何情况，以便及早发现失误。团队成员间要相互提供支持，要共同按照值班职责办事，成绩共享，责任共担。

（3）团队高昂的士气

团队成员对航行值班工作尽心尽力，有很高的工作积极性，自愿为团队和同事付出额外的努力。

6. 合理的团队自评

本任务结束后，轮机长、轮机员应从情景意识、资源分配、人员指派、通信和沟通、领导力和决断力等方面做好航行值班工作自评。团队领导要有客观评判的能力和勇气，团队成员要主动沟通，客观地去分析和评价工作任务，好的地方要鼓励和引导，不好的地方需要严格批评和指正，从而使每个团队成员都有成长的空间，从而不断积累经验以使航行值班工作和团队的协调配合不断优化。

5.4.3.2　训练方法

每个班级最多由20名学员组成，4名学员组成一个团队，分别扮演轮机长、大管轮、二管轮、三管轮的角色，每个班级分成5个团队。首先，指导教师对即将训练的内容进行讲解，重点讲解沟通目的、沟通时机、沟通对象及有效沟通的方法，其次第一个团队开始训练、第二个团队观察第一个团队的训练状况，第三个团队准备，熟悉训练内容，第一个团队训练完毕，进行自我评价，第二个团队进行他评，最后，指导教师总评。

5.4.3.3 评估指南

正常航行时,轮机长、轮机员之间的协调与配合评估指南见表5-26。

表5-26 正常航行时,轮机长、轮机员之间的协调与配合评估指南

评估题目	正常航行时,轮机长、轮机员之间的协调与配合	
情景设计	船舶正常航行途中,中午12点二管轮下机舱接班,轮机长同时也下机舱,二/三管轮之间如何进行交接班	
序号	评估要求	
1	考生应能迅速根据场景要求,指定角色,组建团队	
2	1.二管轮接班前量完油,完成对正午报告的准备; 2.轮机长午饭后完成了对机舱的检查; 3.三管轮向二管轮介绍机舱情况,二管轮问一些问题	
3	1.轮机长向三管轮问机器工作情况的问题; 2.轮机长询问三管轮上午机舱白班工作的情况; 3.二/三管轮按照体系文件要求进行交接班	
4	1.二管轮将每日所消耗的燃油数量告知轮机长; 2.三管轮应将每日的污水/油存量告知轮机长; 3.三管轮去餐厅吃饭	
5*	1.轮机长收到驾驶台工作人员的中午报告,和二管轮协商询问油舱情况,根据驾驶台的正午报告将一些注意事项告知二管轮,同时把命令提示在机舱的提示板上; 2.轮机长将驾驶台的一些情况,中午船长收到的公司的文件,指令等信息及时告知各轮机员,复印件放置在规定的位置,令各轮机员传阅并签字; 3.轮机长提示二管轮下午值班期间机舱应当注意的问题	

注:打★为关键操作,操作错误本题直接判为零分。

5.4.3.4 评估方法

1.资源的分配、分派和优先排序

团队领导能按照合理的优先顺序进行资源分配、人员指派,能对任务安排做简要说明并获得团队成员的承诺。

2.情景意识

对于所做的工作,要有感知、认知、全面了解以及预测等方面的团队情景意识。

3.沟通能力

团队要做好情感上、业务信息上、制度上,以及责任、权利、利益的沟通。

4.轮机员(长)的领导力和决断力

能体现出科学决策能力、全员执行能力、管理能力。

5.团队经验

能体现出完整案例提炼的整体经验和由"关键过程以及难点"提炼的个人经验。

6.团队精神

能体现出团队的凝聚力、协作意识和高昂的士气。

5.4.3.5 评估标准

1.团队领导能按正确的优先顺序分配任务,沟通能力强,具有良好的决断力和领导力,具有良好的情景意识,充分考虑团队经验。(100%)

2.团队领导能按正确的优先顺序分配任务,沟通能力强,具有良好的决断力和领导力,情景意识一般,团队经验一般。(80%)

3.团队领导能按正确的优先顺序分配任务,沟通能力强,决断力和领导力一般,情景意识一般,团队经验一般。(60%)

4.团队领导分配任务一般,沟通能力较差,决断力和领导力一般,情景意识一般,团队经验一般。(40%)

5.团队领导不能按正确的优先顺序分配任务,沟通能力差,没有决断力和领导力,情景意识差,配合差。(0%~20%)

5.4.3.6 实训报告

实训报告采用表格形式,分别由学生、观察员和指导教师填写,见表5-27。

表5-27 实训报告

姓名:		班级:		学号:	
身份证号码:				期数:	
报告内容:					
自我评价:					
观察员评价:					

表 5 – 27（续）

教师评价：

总评：

5.4.4　机动航行时，轮机长、轮机员之间的协调与配合

5.4.4.1　相关知识

1. 机动航行（包括雾中航行）时的资源分配、人员指派

团队领导（轮机长）组织大家在合适地点（例如集控室）采取"O"形或"U"形的站位，召开机动航行前任务安排会。

（1）轮机部人员就机动航行时的安全措施进行沟通。

（2）轮机长就值班人员的资格和经验、安全及环境保护、国际公约和当地规章与团队成员进行沟通。

（3）轮机长综合以上各种情况，对于正常航行中的角色分工、责任以及信息、通信等资源与团队成员进行充分讨论。

（4）轮机长就团队角色指派、资源利用、值班人员安排做简要说明并获得团队成员的承诺。

2. 正确的工作态度和良好的团队情景意识

机动航行过程中，值班人员必须具有正确的工作态度，以便具有并保持良好的情景意识。对于情景意识，要做到以下几点：

（1）值班人员能正确地感知船舶状态、机舱设备实际状况以及与机动航行有关的信息。

（2）对于航行期间，值班人员的职责以及安全注意事项有充分的认知和全面了解。

（3）对于值班期间可能出现的特定行为进行情景预想，做好必要的戒备和采取适当措施，从容应对机动航行中出现的特殊情景。

3. 保持良好的通信和沟通

值班人员采取多种有效的手段加强和保持通信和沟通。为了确保准确、有效、严肃、及时地传递信息，值班人员必须熟练地掌握船内通信工具和信号装置的使用。要始终保持良好的沟通，主要包括三方面：

（1）上行沟通

一方面,值班轮机员应将保证机舱安全值班的一切适当指示和信息及时地与驾驶台进行沟通;另一方面,当机器发生故障或损坏、失常现象、遇到疑难问题以及需要他人协助时,及时和轮机长进行沟通。

（2）下行沟通

轮机长把驾驶台的指令、自己的决策、安排以及建议方法清楚无歧义地传达给值班的轮机人员,主、辅机安全能够有效地运行。

（3）平行沟通

机动航行中,值班人员的沟通主要有轮机长关于船舶系统和机器运转的常规命令和特别指示;对所有机器及系统运行的工作状况和参与涉及人员以及潜在的危险;气瓶压力满足主机启动要求,汽笛瓶的气压处于正常范围之内;冷却水和滑油温度保持稳定;船舶在进出港口和行驶在浅水航道时,换用高位海底门;机动用车时,注意空气压缩机、应急鼓风机、侧推器和废气锅炉等设备的工作状态。

4.良好的领导力和科学的决断力

轮机长(员)的领导力和决断力是领导者应当具备的核心素质。领导力不足会造成团队管理混乱、效率低下,严重者可能还会造成团队重大损失。机动航行过程中,要保持良好的领导力和科学的决断力,主要体现在四方面:

（1）决断力

一是充分了解船舶、机舱以及与航行有关的信息,为科学地决策提供依据。二是轮机长、轮机员要善于吸收团队经验,虚心听取大家意见,在吸纳集体智慧的基础上做出决策。三是对航行的一些关键工作具备预见、评估、防范和化解风险的意识与能力。

（2）组织、协调能力

机动航行既有独立性,又有相互的合作性,轮机长采取一定的措施消除分歧,协调相互之间的关系和活动,使机舱各机械设备安全有效地运行。

（3）控制力

主要体现在三方面。一是值班过程中,轮机长督促值班人员遵守操作程序和规章制度。二是根据情况,轮机长要不断发出各项指令、指导信息以及对其执行情况反馈信息的搜集和分析,及时排除影响机动航行的因素。三是值班过程中,轮机长激发和鼓舞值班人员的积极性,发掘、充实和加强他们的动力,自觉地为完成工作而努力。

（4）监督检查

轮机长检查值班的执行情况,把实际情况同机动航行值班职责进行对比,发现差异,找出原因,采取措施,加以解决。

5.良好的团队精神

良好的团队精神可以充分发挥集体的潜能。主要体现在三方面:

（1）团队的凝聚力

航行值班过程中,每个团队成员都对团队的成绩表现出一种荣誉感,对团队的成功表现出一种骄傲,对团队的失误表现出一种忧虑。

（2）团队的协作意识

航行值班过程中,每个团队成员彼此信任、互敬互重、遵守承诺,都应留心所发生的任何情况,以便及早发现失误。团队成员间要相互提供支持,要共同按照值班职责办事,成绩共享,责任共担。

（3）团队高昂的士气

团队成员对航行值班工作尽心尽力,有很高的工作积极性,自愿为团队和同事付出额外的努力。

6. 合理的团队自评

本任务结束后,轮机长、轮机员应从情景意识、资源分配、人员指派、通信和沟通、领导力和决断力等方面做好机动航行工作自评。团队领导要有客观评判的能力和勇气,团队成员要主动沟通,客观地去分析和评价工作任务,好的地方要鼓励和引导,不好的地方需要严格批评和指正,从而使每个团队成员都有成长的空间,从而不断积累经验以使机动航行工作和团队的协调配合不断优化。

5.4.4.2 训练方法

每个班级最多由20名学员组成,4名学员组成一个团队,分别扮演轮机长、大管轮、二管轮、三管轮的角色,每个班级分成5个团队。首先,指导教师对即将训练的内容进行讲解,重点讲解沟通目的、沟通时机、沟通对象及有效沟通的方法,其次第一个团队开始训练、第二个团队观察第一个团队的训练状况,第三个团队准备,熟悉训练内容,第一个团队训练完毕,进行自我评价,第二个团队进行他评,依次类推,最后,指导教师总评。

5.4.4.3 评估指南

机动航行时,轮机长、轮机员之间的协调与配合评估指南见表5-28。

表5-28 机动航行时,轮机长、轮机员之间的协调与配合评估指南

评估题目	机动航行时,轮机长、轮机员之间的协调与配合
情景设计	航行途中值班轮机员接驾驶员通知备车航行
序号	评估要求
1	考生应能迅速根据场景要求,指定角色,组建团队
2	大/二/三管轮为当班轮机员。 1. 与驾驶员的沟通,如果紧急,应当立即执行并简单询问情况,如果不是十分紧急,应当较为详细地问一下情况以便处理机舱的事务; 2. 将备车航行信息及时告知轮机长; 3. 将备车航行的信息告知相关人员(电机员及值班机工)
3*	当班轮机员按备车航行的要求启动和准备相关的机电设备,当班轮机员对需要换油操作的,应按要求更换燃油

表 5 – 28(续)

评估题目	机动航行时,轮机长、轮机员之间的协调与配合
4	1. 如果是集控室操作的主机,应严格按驾驶台的车钟要求操纵主机; 2. 将备车备妥结果告知轮机长; 3. 将备车备妥的信息及时告知驾驶台值班人员
5	1. 当班轮机员应将在备车航行时,各相关参数的变化速率告知轮机长; 2. 如发现设备(参数)异常,应及时处理并告知轮机长; 3. 与驾驶台工作人员保持良好的沟通

注:打★为关键操作,操作错误本题直接判为零分。

5.4.4.4 评估方法

1. 资源的分配、分派和优先排序

团队领导能按照合理的优先顺序进行资源分配、人员指派,能对任务安排做简要说明并获得团队成员的承诺。

2. 情景意识

对于所做的工作,要有感知、认知、全面了解以及预测等方面的团队情景意识。

3. 沟通能力

团队要做好情感上、业务信息上、制度上,以及责任、权利、利益的沟通。

4. 轮机员(长)的领导力和决断力

能体现出科学决策能力、全员执行能力、管理能力。

5. 团队经验

能体现出完整案例提炼的整体经验和由"关键过程以及难点"提炼的个人经验。

6. 团队精神

能体现出团队的凝聚力、协作意识和高昂的士气。

5.4.4.5 评估标准

1. 团队领导能按正确的优先顺序分配任务,沟通能力强,具有良好的决断力和领导力,具有良好的情景意识,充分考虑团队经验。(100%)

2. 团队领导能按正确的优先顺序分配任务,沟通能力强,具有良好的决断力和领导力,情景意识一般,团队经验一般。(80%)

3. 团队领导能按正确的优先顺序分配任务,沟通能力强,决断力和领导力一般,情景意识一般,团队经验一般。(60%)

4. 团队领导分配任务一般,沟通能力较差,决断力和领导力一般,情景意识一般,团队经验一般。(40%)

5. 团队领导不能按正确的优先顺序分配任务,沟通能力差,没有决断力和领导力,情景意识差,配合差。(0% ~ 20%)

5.4.4.6 实训报告

实训报告采用表格形式,分别由学生、观察员和指导教师填写,见表5 – 29。

表 5 – 29　实训报告

姓名：	班级：		学号：
身份证号码：			期数：
报告内容：			
自我评价：			
观察员评价：			
教师评价：			
总评：			

5.4.5　加燃润料时，轮机长、轮机员之间的协调与配合

5.4.5.1　相关知识

1. 加燃润料时的资源分配、人员指派

团队领导（轮机长）组织大家在合适地点（例如集控室）采取"O"形或"U"形的站位，召开加燃润料前任务安排会。

（1）主管轮机员就各油舱的存量、加油数量及油种进行说明。

（2）轮机长就加油计划、防溢油措施、安全及环境保护、国际公约和当地规章与加油人

员进行沟通。

（3）轮机长综合以上各种情况,对于加燃润料中的角色分工、责任以及信息、通信等资源与团队成员进行充分讨论。

（4）轮机长就加燃润料过程中角色指派及其职责、资源利用、值班人员安排、加油前的准备工作做简要说明并得到团队成员的承诺。

2. 正确的工作态度和良好的团队情景意识

对于加燃润料,轮机部人员必须具有正确的工作态度,以便具有并保持良好的情景意识。对于情景意识,要做到以下几点:

（1）轮机部人员能正确地感知船舶各油舱的实际存量;存油的品种、牌号;加油数量和规格;每个油舱的最大容积加油量。

（2）轮机部人员对于加油计划、加油人员各自的职责、通信工具、CHECKLIST、加油前的准备工作以及防溢油等安全注意事项有充分的认知和全面了解。

（3）对于加燃润料期间可能出现的特定行为进行情景预想,做好必要的戒备和采取适当措施,从容应对加燃润料过程中出现的特殊情景。

3. 保持良好的通信和沟通

加燃润料过程中,加油人员采取多种有效的手段加强和保持通信和沟通。为了确保准确、有效、严肃、及时地传递信息,加油人员必须熟练地掌握通信工具和信号装置的使用。要始终保持良好的沟通,主要包括三方面:

（1）上行沟通

一方面,轮机长应将保证加油安全的一切适当指示和信息及时地与加油船进行沟通;另一方面,加油人员把受油舱的相关信息及时反馈轮机长。同时,加油过程中发生溢油、异常现象、遇到疑难问题以及需要他人协助时,及时通知轮机长。

（2）下行沟通

轮机长把加油船的信息、自己的决策、安排以及建议方法清楚无歧义地传达给加油人员,使加油工作顺利运行。

（3）平行沟通

加燃润料过程中,加油人员之间的沟通主要有轮机长关于加油的常规命令和特别指示;加油速度是否符合约定速度;加油过程中的联系方法;加油泵应急停止方法;本船各有关阀门开关是否正确;受油舱的相关信息等。

4. 良好的领导力和科学的决断力

轮机长(员)的领导力和决断力是领导者应当具备的核心素质。领导力不足会造成团队管理混乱、效率低下,严重者可能还会造成团队重大损失。加燃润料过程中,要保持良好的领导力和科学的决断力,主要体现在四方面:

（1）决断力

一是充分了解船舶、机舱以及与加燃润料有关的信息,为科学地决策提供依据。二是轮机长(员)要善于吸收团队经验,虚心听取大家意见,在吸纳集体智慧的基础上做出决策。三是对加燃润料的一些关键工作具备预见、评估、防范和化解风险的意识与能力。

（2）组织、协调能力

加燃润料是船舶相关部门紧密合作的一项重要工作，参加加油的人员，相互之间需要团结协作。轮机长采取一定的措施消除加油人员的各种分歧，协调相互之间的关系和活动，加油工作能够安全有效地运行。

（3）控制力

主要体现在三方面。一是加油过程中，轮机长督促加油人员遵守操作程序和规章制度。二是根据情况，轮机长要不断发出各项指令、指导信息以及对其执行情况反馈信息的搜集和分析，及时排除影响加油安全的因素。三是加油过程中，轮机长能激发和鼓舞加油人员的积极性，发掘、充实和加强他们的动力，自觉地为完成工作而努力。

（4）监督检查

轮机长、主管轮机员检查加油的执行情况，把实际情况同加油计划进行对比，发现差异，找出原因，采取措施，加以解决。

5. 良好的团队精神

良好的团队精神可以充分发挥集体的潜能。主要体现在三方面：

（1）团队的凝聚力

加燃润料过程中，每个团队成员都对团队的成绩表现出一种荣誉感，对团队的成功表现出一种骄傲，对团队的失误表现出一种忧虑。

（2）团队的协作意识

加燃润料过程中，每个团队成员彼此信任、互敬互重、遵守承诺，都应留心所发生的任何情况，以便及早发现失误。团队成员间要相互提供支持，要共同按照加油职责办事，成绩共享，责任共担。

（3）团队高昂的士气

团队成员对加燃润料工作尽心尽力，有很高的工作积极性，自愿为团队和同事付出额外的努力。

6. 合理的团队自评

本任务结束后，轮机长、加油人员应从情景意识、资源分配、人员指派、通信和沟通、领导力和决断力等方面做好加燃润料工作自评。团队领导要有客观评判的能力和勇气，团队成员要主动沟通，客观地去分析和评价工作任务，好的地方要鼓励和引导，不好的地方需要严格批评和指正，从而使每个团队成员都有成长的空间，从而不断积累经验以使加燃润料工作和团队的协调配合不断优化。

5.4.5.2 训练方法

每个班级最多由20名学员组成，4名学员组成一个团队，分别扮演轮机长、大管轮、二管轮、三管轮的角色，每个班级分成5个团队。首先，指导教师对即将训练的内容进行讲解，重点讲解沟通目的、沟通时机、沟通对象及有效沟通的方法，其次第一个团队开始训练、第二个团队观察第一个团队的训练状况，第三个团队准备，熟悉训练内容，第一个团队训练完毕，进行自我评价，第二个团队进行他评，依次类推，最后，指导教师总评。

5.4.5.3 评估指南

加燃润料时,轮机长、轮机员之间的协调与配合评估指南见表5-30。

表5-30 加燃润料时,轮机长、轮机员之间的协调与配合评估指南

评估题目	加燃润料时,轮机长、轮机员之间的协调与配合
情景设计	船舶加燃润料作业,轮机长、轮机员之间就如何安全加油进行协调与配合
序号	评估要求
1	考生应能迅速根据场景要求,指定角色,组建团队
2*	加油前: 1.轮机长应将公司加油信息(加油日期/品种/数量等)告知主管轮机员及大副; 2.轮机员应按公司的体系文件要求,做好加油的计划表、防污染应变部署表并交轮机长审阅; 3.轮机长应组织相关人员学习公司体系文件中的加油须知; 4.轮机员应做好加油的准备工作并报告知轮机长; 5.大/二/三管轮为值班轮机员
3	加油时: 1.轮机长督促轮机员做好防污染等工作; 2.轮机员应经常将加油的速率、相关数据告知轮机长
4	加油结束时: 1.轮机员应将本船所测的实际加油数量告知轮机长; 2.轮机员应将加油管拆除后,恢复正常的结果告知轮机长; 3.轮机长应将最后签字确认的加油数量告知主管轮机员
5	加强沟通: 在加油期间,轮机长与主管轮机员应按计划表上的要求,携带能随时联系的通信设备,加强联系

注:打★为关键操作,操作错误本题直接判为零分。

5.4.5.4 评估方法

1.资源的分配、分派和优先排序

团队领导能按照合理的优先顺序进行资源分配、人员指派,能对任务安排做简要说明并获得团队成员的承诺。

2.情景意识

对于所做的工作,要有感知、认知、全面了解以及预测等方面的团队情景意识。

3.沟通能力

团队要做好情感上、业务信息上、制度上,以及责任、权利、利益的沟通。

4.轮机员(长)的领导力和决断力

能体现出科学决策能力、全员执行能力、管理能力。

5. 团队经验

能体现出完整案例提炼的整体经验和由"关键过程以及难点"提炼的个人经验。

6. 团队精神

能体现出团队的凝聚力、协作意识和高昂的士气。

5.4.5.5　评估标准

1. 团队领导能按正确的优先顺序分配任务，沟通能力强，具有良好的决断力和领导力，具有良好的情景意识，充分考虑团队经验。（100%）

2. 团队领导能按正确的优先顺序分配任务，沟通能力强，具有良好的决断力和领导力，情景意识一般，团队经验一般。（80%）

3. 团队领导能按正确的优先顺序分配任务，沟通能力强，决断力和领导力一般，情景意识一般，团队经验一般。（60%）

4. 团队领导分配任务一般，沟通能力较差，决断力和领导力一般，情景意识一般，团队经验一般。（40%）

5. 团队领导不能按正确的优先顺序分配任务，沟通能力差，没有决断力和领导力，情景意识差，配合差。（0%～20%）

5.4.5.6　实训报告

实训报告采用表格形式，分别由学生、观察员和指导教师填写，见表5－31。

表5－31　实训报告

姓名：	班级：		学号：
身份证号码：		期数：	
报告内容：			
自我评价：			
观察员评价：			

表 5 −31（续）

教师评价：

总评：

任务 5.5 应急情况下，轮机长、轮机员之间的协调与配合

5.5.1 主机故障时，轮机长、轮机员之间的协调与配合

5.5.1.1 相关知识

1. 正确的工作态度和良好的团队情景意识

航行过程中，值班人员必须具有正确的工作态度，以便具有并保持良好的情景意识。对于情景意识，要做到以下几点：

（1）值班人员能正确地感知船舶状态、机舱设备实际状况以及与主机故障有关的信息；

（2）航行期间，对于值班人员的职责以及安全注意事项有充分的认知和全面了解；

（3）对于值班期间可能出现的特定行为进行情景预想，做好必要的戒备和采取适当措施，从容应对值班中出现的特殊情景。

2. 主机故障时的资源分配、人员指派

轮机人员接到通知迅速到达机舱，团队领导（轮机长）组织大家在合适地点（例如集控室）采取"O"形或"U"形的站位，紧急召开主机故障应急处理安排会。

（1）值班人员就船舶动态、机舱状态、主机故障、驾驶台指令、已采取的措施、正在进行的工作以及与航行有关的信息等向轮机长简要汇报；

（2）综合以上各种情况，轮机长迅速做出决策，对于应急处理过程中的角色分工、值班人员安排、资源的分配与利用做简要说明并得到团队成员的承诺。

3. 保持良好的通信和沟通

团队成员采取多种有效的手段加强和保持通信和沟通。为了确保准确、有效、严肃、及时地传递信息，团队成员必须熟练地掌握船内通信工具和信号装置的使用。要始终保持良好的沟通，主要包括三方面：

（1）上行沟通

一方面,值班人员应将主机故障情况和相关信息及时地与驾驶台、轮机长进行沟通;另一方面,当机器设备发生故障不能执行驾驶台命令或发现执行船长命令将引起机电设备损坏时,轮机长应立即与船长进行沟通。

（2）下行沟通

轮机长把驾驶台的指令、自己的决策、安排以及建议方法清楚无歧义地传达给团队成员,以保证船舶、主机和人身的安全。

（3）平行沟通

主机故障应急处理过程中,团队成员之间的沟通主要有轮机长关于船舶系统和机器运转的常规命令和特别指示;对所有机器及系统运行的工作状况和参与涉及人员以及潜在的危险;在燃油备用舱、沉淀柜、日用油柜和其他燃油贮存设备中的燃油液位高度和使用状况;各种主、辅机系统(包括配电系统)的操作方式和运行状况;监控设备和手动操作设备的状况;蒸汽锅炉运行以及有关的设备状况和操作方式;由于设备故障或危及船舶安全的情况而采取的特殊操作方式和应急措施;有关分派给机舱普通船员任务的情况。

4. 良好的领导力和科学的决断力

轮机长(员)的领导力和决断力是领导者应当具备的核心素质。领导力不足会造成团队管理混乱、效率低下,严重者可能还会造成团队重大损失。主机故障应急处理过程中,要保持良好的领导力和科学的决断力,主要体现在四方面:

（1）决断力

一是充分了解船舶、机舱以及与主机故障的信息,为科学地决策提供依据。二是轮机长、轮机员要善于吸收团队经验,虚心听取大家意见,在吸纳集体智慧的基础上做出决策。三是对发生主机故障的一些关键工作具备预见、评估、防范和化解风险的意识与能力。

（2）组织、协调能力

主机故障应急处理既有独立性,又有相互的合作性,轮机长采取一定的措施消除分歧,协调相互之间的关系和活动,机舱各机械设备能够安全有效地运行。

（3）控制力

主要体现在三方面。一是应急处理过程中,轮机长督促团队成员遵守操作程序和规章制度。二是根据情况,轮机长要不断发出各项指令、指导信息以及对其执行情况反馈信息的搜集和分析,及时排除影响船舶、主机和人身安全的因素。三是应急处理过程中,轮机长激发和鼓舞值班人员的积极性,发掘、充实和加强他们的动力,自觉地为完成工作而努力。

（4）监督检查

轮机长检查应急处理的执行情况,把实际情况同处理结果进行对比,发现差异,找出原因,采取措施,加以解决。

5. 良好的团队精神

良好的团队精神可以充分发挥集体的潜能。主要体现在三方面:

（1）团队的凝聚力

应急处理过程中,每个团队成员都对团队的成绩表现出一种荣誉感,对团队的成功表现出一种骄傲,对团队的失误表现出一种忧虑。

(2)团队的协作意识

应急处理过程中,每个团队成员彼此信任、互敬互重、遵守承诺,都应留心所发生的任何情况,以便及早发现失误。团队成员间要相互提供支持,要共同按照值班职责办事,成绩共享,责任共担。

(3)团队高昂的士气

团队成员对主机故障应急处理工作尽心尽力,有很高的工作积极性,自愿为团队和同事付出额外的努力。

6. 合理的团队自评

本任务结束后,轮机长、轮机员应从情景意识、资源分配、人员指派、通信和沟通、领导力和决断力等方面做好主机故障应急处理自评。团队领导要有客观评判的能力和勇气,团队成员要主动沟通,客观地去分析和评价工作任务,好的地方要鼓励和引导,不好的地方需要严格批评和指正,从而使每个团队成员都有成长的空间,从而不断积累经验以使应急处理工作和团队的协调配合不断优化。

5.5.1.2 训练方法

每个班级最多由20名学员组成,4名学员组成一个团队,分别扮演轮机长、大管轮、二管轮、三管轮的角色,每个班级分成5个团队。首先,指导教师对即将训练的内容进行讲解,重点讲解沟通目的、沟通时机、沟通对象及有效沟通的方法,其次第一个团队开始训练、第二个团队观察第一个团队的训练状况,第三个团队准备,熟悉训练内容,第一个团队训练完毕,进行自我评价,第二个团队进行他评,依次类推,最后,指导教师总评。

主机故障视频

5.5.1.3 评估指南

主机故障时,轮机长、轮机员之间的协调与配合评估指南见表5-32。

表5-32 主机故障时,轮机长、轮机员之间的协调与配合评估指南

评估题目	主机故障时,轮机长、轮机员之间的协调与配合
情景设计	主机SLOWDOWN,不能执行驾驶台命令
序号	评估要求
1	考生应能迅速根据场景要求,指定角色,组建团队
2	1.正常值班,二/三管轮为当班轮机员,突然出现题述故障; 2.当班轮机员立即通知驾驶台; 3.通知轮机长,轮机长命令通知所有人员下机舱; 4.轮机长与船长沟通,如需停车应征求船长同意

表 5 – 32（续）

评估题目	主机故障时，轮机长、轮机员之间的协调与配合
3*	1. 轮机长对相关人员进行工作部署； 2. 安排值班轮机员值守操纵台； 3. 安排大管轮组织人员查清故障原因，排除故障，抢修主机； 4. 安排二管轮和电机员加强发电机和应急发电机的检查； 5. 轮机长及时把主机故障原因及进展情况报告船长
4	1. 大管轮适时把主机状况报告轮机长，轮机长与之沟通； 2. 二管轮发现发电机任何不正常，报告轮机长，轮机长与之沟通； 3. 值班人员发现机舱任何异常情况，报告轮机长，轮机长与之沟通； 4. 轮机长把主机状况报告船长
5	三管轮把锅炉情况，告知轮机长，并接受轮机长的询问
6	1. 轮机长事先做出 1~2 种替代方案； 2. 根据方案，轮机长命令二/三管轮进行各种操作； 3. 结束后将故障的时间、海况、地点、原因等记入轮机日志

注：打★为关键操作，操作错误本题直接判为零分。

5.5.1.4 评估方法

1. 资源的分配、分派和优先排序

团队领导能按照合理的优先顺序进行资源分配、人员指派，能对任务安排做简要说明并获得团队成员的承诺。

2. 情景意识

对于所做的工作，要有感知、认知、全面了解以及预测等方面的团队情景意识。

3. 沟通能力

团队要做好上行沟通、下行沟通和平行沟通。

4. 轮机员（长）的领导力和决断力

能体现出科学决策能力、组织协调能力、控制力。

5. 团队经验

集体讨论，吸收团队经验，做出决断。

6. 团队精神

能体现出团队的凝聚力、协作意识和高昂的士气。

5.5.1.5 评估标准

1. 团队领导能按正确的优先顺序分配任务，沟通能力强，具有良好的决断力和领导力，具有良好的情景意识，充分考虑团队经验。（100%）

2. 团队领导能按正确的优先顺序分配任务，沟通能力强，具有良好的决断力和领导力，情景意识一般，团队经验一般。（80%）

3. 团队领导能按正确的优先顺序分配任务,沟通能力强,决断力和领导力一般,情景意识一般,团队经验一般。(60%)

4. 团队领导分配任务一般,沟通能力较差,决断力和领导力一般,情景意识一般,团队经验一般。(40%)

5. 团队领导不能按正确的优先顺序分配任务,沟通能力差,没有决断力和领导力,情景意识差,配合差。(0%~20%)

5.5.1.6 实训报告

实训报告采用表格形式,分别由学生、观察员和指导教师填写,见表5-33。

表5-33 实训报告

姓名:	班级:	学号:
身份证号码:		期数:

报告内容:

自我评价:

观察员评价:

教师评价:

总评:

5.5.2　舵机失灵时，轮机长、轮机员之间的协调与配合

5.5.2.1　相关知识

1. 正确的工作态度和良好的团队情景意识

航行过程中，值班人员必须具有正确的工作态度，以便具有并保持良好的情景意识。对于情景意识，要做到以下几点：

（1）值班人员能正确地感知船舶状态、机舱设备实际状况以及与舵机失灵有关的信息；

（2）航行期间，对于值班人员的职责以及安全注意事项有充分的认知和全面了解；

（3）对于值班期间可能出现的特定行为进行情景预想，做好必要的戒备和采取适当措施，从容应对值班中出现的特殊情景。

2. 舵机失灵时的资源分配、人员指派

轮机人员接到通知迅速到达机舱，团队领导（轮机长）组织大家在合适地点（例如集控室）采取"O"形或"U"形的站位，紧急召开舵机失灵应急处理安排会。值班人员就船舶动态、机舱状态、舵机失灵现象、驾驶台指令、已采取的措施、正在进行的工作以及与航行有关的信息等向轮机长做简要汇报；综合以上各种情况，轮机长迅速做出决策，对于应急处理过程中的角色分工、值班人员安排、资源的分配与利用做简要说明并得到团队成员的承诺。

3. 保持良好的通信和沟通

团队成员采取多种有效的手段加强和保持通信和沟通。为了确保准确、有效、严肃、及时地传递信息，团队成员必须熟练地掌握船内通信工具和信号装置的使用。要始终保持良好的沟通，主要包括三方面：

（1）上行沟通

一方面，值班人员应将舵机失灵情况和相关信息及时地与轮机长进行沟通；另一方面，轮机长应立即报告船长，说明舵机失灵的原因，已经进行的抢修措施，需提供的支援和准备进一步采取的措施。

（2）下行沟通

轮机长把驾驶台的指令、自己的决策、安排以及建议方法清楚无歧义地传达给团队成员，以保证按车令操纵主机。

（3）平行沟通

舵机失灵应急处理过程中，团队成员遇到疑难问题或需要他人协助时，成员之间采取合适的方式进行沟通；轮机长关于机舱人员进行相应的操作和抢修的指示；值班轮机员在操纵台操纵主机的情况；机舱人员抢修操舵装置的情况。

4. 良好的领导力和科学的决断力

轮机长（员）的领导力和决断力是领导者应当具备的核心素质。领导力不足会造成团队管理混乱、效率低下，严重者可能还会造成团队重大损失。舵机失灵应急处理过程中，要保持良好的领导力和科学的决断力，主要体现在四方面：

（1）决断力

一是充分了解船舶、机舱以及与舵机失灵有关的信息，为科学地决策提供依据。二是

轮机长、轮机员要善于吸收团队经验,虚心听取大家意见,在吸纳集体智慧的基础上做出决策。三是对舵机失灵的一些关键工作具备预见、评估、防范和化解风险的意识与能力。

（2）组织、协调能力

舵机失灵应急处理既有独立性,又有相互的合作性,轮机长采取一定的措施消除分歧,协调相互之间的关系和活动,按驾驶台指令操纵舵机。

（3）控制力

主要体现在三方面。一是应急处理过程中,轮机长督促团队成员遵守操作程序和规章制度。二是根据情况,轮机长要不断发出各项指令、指导信息以及对其执行情况反馈信息的搜集和分析,及时排除影响舵机操纵安全的因素。三是应急处理过程中,轮机长激发和鼓舞值班人员的积极性,发掘、充实和加强他们的动力,自觉地为完成工作而努力。

（4）监督检查

轮机长检查应急处理的执行情况,把实际情况同处理结果进行对比,发现差异,找出原因,采取措施,加以解决。

5. 良好的团队精神

良好的团队精神可以充分发挥集体的潜能。主要体现在三方面:

（1）团队的凝聚力

应急处理过程中,每个团队成员都对团队的成绩表现出一种荣誉感,对团队的成功表现出一种骄傲,对团队的失误表现出一种忧虑。

（2）团队的协作意识

应急处理过程中,每个团队成员彼此信任、互敬互重、遵守承诺,都应留心所发生的任何情况,以便及早发现失误。团队成员间要相互提供支持,要共同按照值班职责办事,成绩共享,责任共担。

（3）团队高昂的士气

团队成员对舵机失灵应急处理工作尽心尽力,有很高的工作积极性,自愿为团队和同事付出额外的努力。

6. 合理的团队自评

本任务结束后,轮机长、轮机员应从情景意识、资源分配、人员指派、通信和沟通、领导力和决断力等方面做好舵机失灵应急处理自评。团队领导要有客观评判的能力和勇气,团队成员要主动沟通,客观地去分析和评价工作任务,好的地方要鼓励和引导,不好的地方需要严格批评和指正,从而使每个团队成员都有成长的空间,从而不断积累经验以使应急处理工作和团队的协调配合不断优化。

5.5.2.2　训练方法

每个班级最多由 20 名学员组成,4 名学员组成一个团队,分别扮演轮机长、大管轮、二管轮、三管轮的角色,每个班级分成 5 个团队。首先,指导教师对即将训练的内容进行讲解,重点讲解沟通目的、沟通时机、沟通对象及有效沟通的方法,其次第一个团队开始训练、第二个团队观察第一个团队的训练状况,第三个团队准备,熟悉训练内容,第一个团队训练完毕,进行自我评价,第二个团队进行他评,依次类推,最后,指导教师总评。

5.5.2.3 评估指南

舵机失灵时,轮机长、轮机员之间的协调与配合评估指南见表5-34。

表5-34 舵机失灵时,轮机长、轮机员之间的协调与配合评估指南

评估题目	舵机失灵时,轮机长、轮机员之间的协调与配合
情景设计	在正常航行途中,主、辅操舵系统均失灵
序号	评估要求
1	考生应能迅速根据场景要求,指定角色,组建团队
2	1. 突然出现舵机失灵时,值班驾驶员应迅速通知机舱值班人员; 2. 值班轮机员立即通知轮机长,轮机长命令通知所有人员下机舱; 3. 轮机长与船长沟通,如需停车应征求船长同意; 4. 船长令二副鸣放内部警报及广播,实施全船紧急部署
3*	轮机长对相关人员进行工作部署: 1. 安排值班轮机员值守操纵台,根据驾驶台的命令做好主机的变速和变向准备,安排相关人员抢修舵机系统; 2. 安排轮机人员立即启动应急操舵装置(一名人员负责与驾驶台联络;一名人员将舵机转至应急操舵状态,扮演水手操舵); 3. 安排大管轮维修舵机。如有必要,轮机长应立即进入舵机房,现场指挥抢修。轮机长适时向船长报告舵机故障及维修情况; 4. 舵机系统已修复,驾驶台立即重新启动舵机系统,恢复正常操舵; 5. 评估员宣布演练结束
4	1. 大管轮把舵机维修状况报告给轮机长; 2. 值班轮机员发现机舱任何异常情况,报告轮机长,轮机长与之沟通; 3. 轮机长适时把舵机情况报告船长,必要时请求公司援助
5	结束后轮机长将故障的时间、海况、地点、原因等记入轮机日志

注:打★为关键操作,操作错误本题直接判为零分。

5.5.2.4 评估方法

1. 资源的分配、分派和优先排序

团队领导能按照合理的优先顺序进行资源分配、人员指派,能对任务安排做简要说明并获得团队成员的承诺。

2. 情景意识

对于所做的工作,要有感知、认知、全面了解以及预测等方面的团队情景意识。

3. 沟通能力

团队要做好上行沟通、下行沟通和平行沟通。

4. 轮机员(长)的领导力和决断力

能体现出科学决策能力、组织协调能力、控制力。

5. 团队经验

集体讨论,吸收团队经验,做出决断。

6. 团队精神

能体现出团队的凝聚力、协作意识和高昂的士气。

5.5.2.5 评估标准

1. 团队领导能按正确的优先顺序分配任务,沟通能力强,具有良好的决断力和领导力,具有良好的情景意识,充分考虑团队经验。(100%)

2. 团队领导能按正确的优先顺序分配任务,沟通能力强,具有良好的决断力和领导力,情景意识一般,团队经验一般。(80%)

3. 团队领导能按正确的优先顺序分配任务,沟通能力强,决断力和领导力一般,情景意识一般,团队经验一般。(60%)

4. 团队领导分配任务一般,沟通能力较差,决断力和领导力一般,情景意识一般,团队经验一般。(40%)

5. 团队领导不能按正确的优先顺序分配任务,沟通能力差,没有决断力和领导力,情景意识差,配合差。(0% ~ 20%)

5.5.2.6 实训报告

实训报告采用表格形式,分别由学生、观察员和指导教师填写,见表5 – 35。

表 5 – 35 实训报告

姓名:	班级:		学号:
身份证号码:		期数:	
报告内容:			
自我评价:			
观察员评价:			

表 5 − 35（续）

教师评价：

___

总评：

___

5.5.3 全船失电时，轮机长、轮机员之间的协调与配合

5.5.3.1 相关知识

1. 正确的工作态度和良好的团队情景意识

值班过程中，值班人员必须具有正确的工作态度，以便具有并保持良好的情景意识。对于情景意识，要做到以下几点：

（1）值班人员能正确地感知船舶状态、机舱设备实际状况以及与全船失电有关的信息。

（2）对于值班人员的职责以及安全注意事项有充分的认知和全面了解。

（3）对于值班期间可能出现的特定行为进行情景预想，做好必要的戒备和采取适当措施，从容应对值班中出现的特殊情景。

2. 全船失电时的资源分配、人员指派

轮机人员迅速到达机舱，团队领导（轮机长）组织大家在合适地点（例如集控室）采取"O"形或"U"形的站位，紧急召开全船失电应急处理安排会。

（1）值班人员就船舶动态、机舱状态、全船失电现象、驾驶台指令、已采取的措施以及与航行有关的信息等向轮机长做简要汇报。

（2）综合以上各种情况，轮机长迅速做出决策，对于应急处理过程中的角色分工、值班人员安排、资源的分配与利用做简要说明并得到团队成员的承诺。

3. 保持良好的通信和沟通

团队成员采取多种有效的手段加强和保持通信和沟通。为了确保准确、有效、严肃、及时地传递信息，团队成员必须熟练地掌握船内通信工具和信号装置的使用。

要始终保持良好的沟通，主要包括三方面：

（1）上行沟通

一方面，值班人员应将全船失电情况和相关信息及时地与驾驶台、轮机长进行沟通，并随时与驾驶台联系；另一方面，轮机长就船舶动态、采取的应急措施及执行船长命令引起的后果与船长进行沟通。

（2）下行沟通

轮机长把驾驶台的指令、自己的决策、安排以及建议方法清楚无歧义地传达给团队成员，以保证按驾驶台指令操纵主机。

（3）平行沟通

全船失电应急处理过程中，值班轮机员在操纵台操纵主机的情况；保证正常航行必需的各主要设备供电；发电机恢复正常供电后，再启动各辅助设备，启动主机，保持正常航行等。上述情况下，团队成员之间采取合适的方式进行沟通。

4. 良好的领导力和科学的决断力

轮机长（员）的领导力和决断力是领导者应当具备的核心素质。领导力不足会造成团队管理混乱、效率低下，严重者可能还会造成团队重大损失。全船失电应急处理过程中，要保持良好的领导力和科学的决断力，主要体现在四方面：

（1）决断力

一是充分了解船舶、机舱以及与全船失电有关的信息，为科学的决策提供依据。二是轮机长、轮机员要善于吸收团队经验，虚心听取大家意见，在吸纳集体智慧的基础上做出决策。三是对全船失电的一些关键工作具备预见、评估、防范和化解风险的意识与能力。

（2）组织、协调能力

全船失电失灵应急处理既有独立性，又有相互的合作性，轮机长采取一定的措施消除分歧，协调相互之间的关系和活动，按驾驶台指令操纵主机。

（3）控制力

主要体现在三方面：一是应急处理过程中，轮机长督促团队成员遵守操作程序和规章制度。二是根据情况，轮机长要不断发出各项指令、指导信息以及对其执行情况反馈信息的搜集和分析，及时排除影响船舶安全的因素。三是应急处理过程中，轮机长激发和鼓舞值班人员的积极性，发掘、充实和加强他们的动力，自觉地为完成工作而努力。

（4）监督检查

轮机长检查应急处理的执行情况，把实际情况同处理结果进行对比，发现差异，找出原因，采取措施，加以解决。

5. 良好的团队精神

良好的团队精神可以充分发挥集体的潜能。主要体现在三方面：

（1）团队的凝聚力

应急处理过程中，每个团队成员都对团队的成绩表现出一种荣誉感，对团队的成功表现出一种骄傲，对团队的失误表现出一种忧虑。

（2）团队的协作意识

应急处理过程中，每个团队成员彼此信任、互敬互重、遵守承诺，都应留心所发生的任何情况，以便及早发现失误。团队成员间要相互提供支持，要共同按照值班职责办事，成绩共享，责任共担。

（3）团队高昂的士气

团队成员对全船失电应急处理工作尽心尽力，有很高的工作积极性，自愿为团队和同事付出额外的努力。

6. 合理的团队自评

本任务结束后，轮机长、轮机员应从情景意识、资源分配、人员指派、通信和沟通、领导力和决断力等方面做好全船失电应急处理自评。团队领导要有客观评判的能力和勇气，团队成员要主动沟通，客观地去分析和评价工作任务，好的地方要鼓励和引导，不好的地方需要严格批评和指正，从而使每个团队成员都有成长的空间，从而不断积累经验以使应急处理工作和团队的协调配合不断优化。

5.5.3.2 训练方法

每个班级最多由 20 名学员组成，4 名学员组成一个团队，分别扮演轮机长、大管轮、二管轮、三管轮的角色，每个班级分成 5 个团队。首先，指导教师对即将训练的内容进行讲解，重点讲解沟通目的、沟通时机、沟通对象及有效沟通的方法，其次第一个团队开始训练、第二个团队观察第一个团队的训练状况，第三个团队准备，熟悉训练内容，第一个团队训练完毕，进行自我评价，第二个团队进行他评，依次类推，最后，指导教师总评。

全船失电视频

5.5.3.3 评估指南

全船失电时，轮机长、轮机员之间的协调与配合评估指南见表 5 - 36。

表 5 - 36　全船失电时，轮机长、轮机员之间的协调与配合评估指南

评估题目	全船失电时，轮机长、轮机员之间的协调与配合
情景设计	正常航行中，过载引起跳电，备用发电机处手动位置
序号	评估要求
1	考生应能迅速根据场景要求，指定角色，组建团队
2	值班轮机员发现船舶跳电： 1. 值班轮机员立即通知驾驶台，然后通知轮机长，轮机长了解掌握必要的信息（这时的联络可以两部电话同时使用）； 2. 轮机长命令所有人员下机舱，值班轮机员通知电机员等下机舱，轮机长对相关人员进行工作部署
3*	1. 安排二管轮启动应急发动机和备用发电机组，然后二管轮口述过程，要不要人配合等； 2. 安排三管轮卸去次要负载，轮机长口述，让三管轮补充； 3. 恢复供电后，逐台启动电动泵（利于发现故障） 情景设置：狭窄水道航行，全船跳电，应急发动机和主发动机组置自动位。人员安排如上： 1. 轮机长在机舱，立即对相关人员进行工作部署； 2. 值班轮机员立即通知驾驶台，坚守操纵台

表 5 − 36(续)

序号	评估要求
4	1.轮机长安排二管轮启动应急发动机和备用发电机组(压力设置:应急发动机无法启动,驾驶台急需用车等); 2.轮机长安排人员排除故障,与驾驶台保持联系(如有可能短时运转主机执行驾驶台命令;情况紧急,可不考虑主机后果,但需提醒船长。将情况记入轮机日志); 3.故障排除,转入正常程序
5	结束后轮机长将故障的时间、海况、地点、原因等记入轮机日志

注:打★为关键操作,操作错误本题直接判为零分。

5.5.3.4　评估方法

1.资源的分配、分派和优先排序

团队领导能按照合理的优先顺序进行资源分配、人员指派,能对任务安排做简要说明并获得团队成员的承诺。

2.情景意识

对于所做的工作,要有感知、认知、全面了解以及预测等方面的团队情景意识。

3.沟通能力

团队要做好上行沟通、下行沟通和平行沟通。

4.轮机员(长)的领导力和决断力

能体现出科学决策能力、组织协调能力、控制力。

5.团队经验

集体讨论,吸收团队经验,做出决断。

6.团队精神

能体现出团队的凝聚力、协作意识和高昂的士气。

5.5.3.5　评估标准

1.团队领导能按正确的优先顺序分配任务,沟通能力强,具有良好的决断力和领导力,具有良好的情景意识,充分考虑团队经验。(100%)

2.团队领导能按正确的优先顺序分配任务,沟通能力强,具有良好的决断力和领导力,情景意识一般,团队经验一般。(80%)

3.团队领导能按正确的优先顺序分配任务,沟通能力强,决断力和领导力一般,情景意识一般,团队经验一般。(60%)

4.团队领导分配任务一般,沟通能力较差,决断力和领导力一般,情景意识一般,团队经验一般。(40%)

5.团队领导不能按正确的优先顺序分配任务,沟通能力差,没有决断力和领导力,情景意识差,配合差。(0% ～20%)

5.5.3.6　实训报告

实训报告采用表格形式,分别由学生、观察员和指导教师填写,见表5−37。

表 5-37 实训报告

姓名:	班级:		学号:
身份证号码:			期数:
报告内容:			
自我评价:			
观察员评价:			
教师评价:			
总评:			

5.5.4 机舱火灾时,轮机长、轮机员之间的协调与配合

5.5.4.1 相关知识

1. 正确的工作态度和良好的团队情景意识

值班过程中,值班人员必须具有正确的工作态度,以便具有并保持良好的情景意识。对于情景意识,要做到以下几点:

(1)值班人员能正确地感知船舶状态、机舱设备实际状况以及与机舱火灾有关的信息。

(2)对于值班人员的职责以及安全注意事项有充分的认知和全面了解。

（3）对于值班期间可能出现的特定行为进行情景预想，做好必要的戒备和采取适当措施，从容应对值班中出现的特殊情景。

2. 机舱火灾时的资源分配、人员指派

机舱火警发出后，全船人员迅速按照船舶应变部署表到达各自岗位。轮机长在船长领导下行使现场指挥职责。值班人员就船舶动态、机舱状态、机舱火灾情况、已采取的措施等向轮机长做简要汇报；综合以上各种情况，轮机长迅速做出决策，按照应变部署表中的职责对人员的安排、资源的分配、通信工具的使用做简要说明并得到团队成员的承诺。

3. 保持良好的通信和沟通

团队成员采取多种有效的手段加强和保持通信和沟通。为了确保准确、有效、严肃、及时地传递信息，团队成员必须熟练地掌握船内通信工具和信号装置的使用。要始终保持良好的沟通，主要包括三方面：

（1）上行沟通

一是值班人员应将机舱火灾情况和相关信息及时地与驾驶台、轮机长进行沟通；二是轮机长保证与船长的通信联络，报告船长采取果断措施；三是探火人员及时将火源位置、火势和火的性质及时报告现场指挥；四是封舱灭火时，现场指挥清点人数、确认人员全部撤离机舱，机舱封闭并报告船长。

（2）下行沟通

一是轮机长把船长的指令、自己的决策、安排以及建议方法清楚无歧义地传达给团队成员，以保证灭火顺利进行。二是轮机长指挥人员清查有无人员被困，抢救被困人员。

（3）平行沟通

灭火过程中，探火组、消防队、隔离队、救护队就灭火安全与施救准备、机舱灭火通信、火情调查、火情控制、灭火等情况随时保持沟通，以保证灭火顺利进行。

4. 良好的领导力和科学的决断力

轮机长（员）的领导力和决断力是领导者应当具备的核心素质。领导力不足会造成团队管理混乱、效率低下，严重者可能还会造成团队重大损失。灭火过程中，要保持良好的领导力和科学的决断力，主要体现在四方面：

（1）决断力

一是充分了解船舶、机舱以及与灭火有关的信息，为科学的决策提供依据。二是轮机长、轮机员要善于吸收团队经验，虚心听取大家意见，在吸纳集体智慧的基础上做出决策。三是对灭火的一些关键工作具备预见、评估、防范和化解风险的意识与能力。

（2）组织、协调能力

灭火既有独立性，又有相互的合作性，轮机长采取一定的措施消除分歧，协调相互之间的关系和活动，按船长指令进行灭火。

（3）控制力

主要体现在三方面：一是灭火过程中，轮机长督促团队成员遵守灭火程序和规章制度。二是根据情况，轮机长要不断发出各项指令、指导信息以及对其执行情况反馈信息的搜集和分析，及时排除影响灭火的因素。三是灭火过程中，轮机长激发和鼓舞值班人员的积极性，发掘、充实和加强他们的动力，自觉地为完成工作而努力。

（4）监督检查

轮机长检查灭火的执行情况，把实际情况同处理结果进行对比，发现差异，找出原因，采取措施，加以解决。

5. 良好的团队精神

良好的团队精神可以充分发挥集体的潜能。主要体现在三方面：

（1）团队的凝聚力

灭火过程中，每个团队成员都对团队的成绩表现出一种荣誉感，对团队的成功表现出一种骄傲，对团队的失误表现出一种忧虑。

（2）团队的协作意识

灭火过程中，每个团队成员彼此信任、互敬互重、遵守承诺，都应留心所发生的任何情况，以便及早发现失误。团队成员间要相互提供支持，要共同按照值班职责办事，成绩共享，责任共担。

（3）团队高昂的士气

团队成员对灭火工作尽心尽力，有很高的工作积极性，自愿为团队和同事付出额外的努力。

6. 合理的团队自评

本任务结束后，轮机长、轮机员应从情景意识、资源分配、人员指派、通信和沟通、领导力和决断力等方面做好灭火自评。团队领导要有客观评判的能力和勇气，团队成员要主动沟通，客观地去分析和评价工作任务，好的地方要鼓励和引导，不好的地方需要严格批评和指正，从而使每个团队成员都有成长的空间，从而不断积累经验以使灭火工作和团队的协调配合不断优化。

5.5.4.2　训练方法

每个班级最多由20名学员组成，4名学员组成一个团队，分别扮演轮机长、大管轮、二管轮、三管轮的角色，每个班级分成5个团队。首先，指导教师对即将训练的内容进行讲解，重点讲解沟通目的、沟通时机、沟通对象及有效沟通的方法，其次第一个团队开始训练、第二个团队观察第一个团队的训练状况，第三个团队准备，熟悉训练内容，第一个团队训练完毕，进行自我评价，第二个团队进行他评，依次类推，最后，指导教师总评。

机舱火灾视频

5.5.4.3　评估指南

机舱火灾时，轮机长、轮机员之间的协调与配合评估指南见表5-38。

表5-38　机舱火灾时，轮机长、轮机员之间的协调与配合评估指南

评估题目	机舱着火时，轮机长、轮机员之间的协调与配合
情景设计	正常航行，机舱起火，火势很大
序号	评估要求
1	考生应能迅速根据场景要求，指定角色，组建团队

表 5 - 38（续）

序号	评估要求
2	1. 突然机舱火警警报（位置可以定为分油机间或者舵机间,机舱物料储藏室）; 2. 机舱值班轮机员立即通知驾驶台,驾驶台拉响火警警报; 3. 轮机长下机舱,了解掌握必要的信息
3	1. 轮机长任现场指挥,轮机人员立即进入火灾应变岗位,及时灭火,控制火势; 2. 轮机长命令启动消防泵（假定发电机和电网没有问题）; 3. 轮机长与船长沟通,是否可以慢速,停主机或者主机降速以便停供风;同时电机员配合切断火场电源,切断可暂时可以切断的其他电源以防电器设备被消防水损坏
4*	1. 大管轮切断火场的供风,三管轮作为探火队队长进行探火; 2. 二管轮在检查看护发电机,确认暂时没有危险后由值班机工看护,回机舱待命,轮机长命令其作为救火队队长待命; 3. 轮机长通知船长减速、改变航向; 4. 二管轮与机工长一起,作为救火队队长进入火场救火
5	1. 火势无法控制; 2. 轮机长确认需大型 CO_2 灭火,应与船长商定; 3. 在释放 CO_2 前,轮机长应命令人员示警,撤离人员,清点人数,封闭机舱,请示船长释放 CO_2; 4. CO_2 释放后,封闭机舱一段时间,不可过早打开; 5. 灭后,轮机长命令人员二次探火,确认火灾确实扑灭,清理现场,检查机损情况
6	1. 探火人员探明情况,报告轮机长,轮机长与之沟通; 2. 轮机长把火灾情况及时报告船长查清火灾原因; 3. 将相关内容记入轮机日志

注:打★为关键操作,操作错误本题直接判为零分。

5.5.4.4　评估方法

1. 资源的分配、分派和优先排序

团队领导能按照合理的优先顺序进行资源分配、人员指派,能对任务安排做简要说明并获得团队成员的承诺。

2. 情景意识

对于所做的工作,要有感知、认知、全面了解以及预测等方面的团队情景意识。

3. 沟通能力

团队要做好上行沟通、下行沟通和平行沟通。

4. 轮机员(长)的领导力和决断力

能体现出科学决策能力、组织协调能力、控制力。

5. 团队经验

集体讨论,吸收团队经验,做出决断。

6.团队精神

能体现出团队的凝聚力、协作意识和高昂的士气。

5.5.4.5 评估标准

1.团队领导能按正确的优先顺序分配任务,沟通能力强,具有良好的决断力和领导力,具有良好的情景意识,充分考虑团队经验。(100%)

2.团队领导能按正确的优先顺序分配任务,沟通能力强,具有良好的决断力和领导力,情景意识一般,团队经验一般。(80%)

3.团队领导能按正确的优先顺序分配任务,沟通能力强,决断力和领导力一般,情景意识一般,团队经验一般。(60%)

4.团队领导分配任务一般,沟通能力较差,决断力和领导力一般,情景意识一般,团队经验一般。(40%)

5.团队领导不能按正确的优先顺序分配任务,沟通能力差,没有决断力和领导力,情景意识差,配合差。(0%～20%)

5.5.4.6 实训报告

实训报告采用表格形式,分别由学生、观察员和指导教师填写,见表5-39。

表 5-39 实训报告

姓名:		班级:		学号:	
身份证号码:				期数:	
报告内容:					
自我评价:					
观察员评价:					

表 5 – 39(续)

教师评价：

总评：

项目6 实训详解

【项目目标】通过本项目的学习,学生掌握的理论知识进一步内化为能力和素质。

【知识目标】了解备车、完车、备车离港的基本程序;了解在全船失电、机舱着火、进水和船舶搁浅、碰撞等状况下,船员基本操作程序;掌握各种船型、各种船舶动态下机舱工作的分配、人员配合、团队合作的方法。

【能力目标】在教师指导下,迅速组成团队,完成常规、应急工况下轮机部各项工作任务,并且沟通有效、协作高效、资源计划、分配合理,整个过程充分体现团队精神。

【素质目标】具有热爱航海、投身航海事业的高尚情怀。

任务6.1 常 规 工 况

6.1.1 备车进港与完车

情景描述:各位评估老师,我们演习的是抵港前轮机部检查工作。

训练计划:对机舱所有场所做全面清洁,应急设备的测试,重要机械的重要警报测试,防污染设备的测试,主机正倒车试车。

老轨:现在船长通知,我们24 h有靠泊计划,有可能有PSC的检查,需要我们做准备工作,需要检查所有机舱相关的设备以及清洁问题。我们做一下分工,各自先自检。四轨负责检查油水分离器油分警报;焚烧炉高温警报;应急消防泵;启动主消防泵看其压力是否足够;救生艇的启动情况;检查下锚机和绞缆机的储存柜油位。可以用对讲机联系。

老轨:三轨,你检查测试启动应急发电机、辅机FO LEAK TK警报、应急空压机和应急空气瓶里的压力。

三轨:好的。

老轨:二轨,你去测试主机FO LEAK TK警报;检查下防火风门和通风风门的开关状况;机舱舱底水应急吸口的开闭灵活与否。

二轨:好的。

老轨:电机员,你需要检查全船照明灯和应急照明;测试220 V和440 V的绝缘接地;机舱污水井高位报警;应急蓄电池的蓄电情况;船上各个地方的火焰探测器是否正常工作。

(各轮机员和电机员开始行动,与老轨用对讲机联系。)

(接下来,驾驶台通知机舱备车,准备上引水。船舶准备进港,驾驶台通知机舱备车。)

二副:二轨吗? 现在准备进港,备车。

二轨:好的。

值班轮机员打电话通知有关人员下机舱备车,大家来到机舱。

老轨:三轨,停造水机,启动备用副机并电。四轨,检查辅锅炉,把锅炉转换到自动控制,开启电加热。把低位海底门转换成高位海底门。二管轮和三管执行轮机长命令并报告。

老轨:驾驶台,机舱已经备好车。

驾驶台开始减速,停车后试正倒车一切正常。主机重新启动。

三轨:老轨,一号发电机第二缸排烟温度偏高。

老轨:启动三号发电机,并上,停1号发电机。

三轨:好的。

二轨:三轨,带领三轨把一号副机第二缸油头判断是油头故障过程加上换掉。

三轨:马上就要上引水了,如果现在换油头,一旦有紧急情况,就没有备用副机了。所以我建议靠好码头之后再换一号副机油头。

二轨:好吧,(临时处理适当调小该缸的供油量),等到完车后马上修理。三轨,注意检查二号和三号副机运转情况。

(船舶安全进港。)

6.1.2　备车离港

情景描述:各位评估老师,我们现在演习的是某轮准备离港,主机备车的场景。演练内容如下。

船长:老轨,我们预计0800离港,请做好开航准备。

老轨:明白。

老轨:二轨,船舶计划0800离港,提前1 h在0700备车,机舱还有没有什么影响开航的工作。

二轨:老轨,机舱一切正常,港内计划的检修工作已完成,随时可以备车。三轨,二号空压机低压进口阀安装好了吗? 四轨,消防泵是否安装调试完毕?

三轨:安装完毕,试用正常。

四轨:重油分油机,试用正常。

(0700轮机员都来到机舱,值班驾驶员通知机舱备车。)

驾驶台:机舱,我们现在开始备车了。

值班轮机员(3/E):收到。

(通知老轨和2/E、4/E下机舱备车。)

老轨:知道。现在开始备车。三轨去检查并启动发电机并电,启动凸轮轴油泵、燃油分油机等设备。四轨去检查锅炉并加温燃油舱室,检查甲板机械,确认电站负荷后给甲板机械供电;二轨去启动滑油泵,气缸油注油器注油,合上盘车机盘车,打开主启动阀和控制空气、操作空气阀,去检查主机油底壳油位、启动凸轮轴油泵。

二轨:收到。

三轨:好的,我启动二号发电机。

四轨:明白,我检查锅炉并加温油舱,检查甲板机械。

老轨:驾驶台,我们先校对船钟。

驾驶台:现在时间 0705。

老轨:机舱时间 0705。船钟校对无误,现在我们校对车钟。

驾驶台:可以。前进一、二、三。停车。倒车一、二、三。

老轨:前进一、二、三。停车。倒车一、二、三。车钟校对正常。

老轨:电机员去舵机间和驾驶台校对舵机。

(2/E 去舵机间对舵。)

二轨:驾驶台,现在开始对舵 。

驾驶台:左舵五 ,左舵十五……

二轨:左舵五 ,左舵十五……舵机正常。

二轨:老轨,舵机试验完毕,正常。

(三轨启动发电机,并电,检查空压机等设备。二轨检查主机参数,盘车,检查主机油底壳油位。四轨检查锅炉,加热油舱,打开汽笛空气瓶。)

三轨:二轨,二号发电机已启动,并车正常,空压机检查正常。

二轨:好的。

四轨:锅炉检查正常,NO_2 燃料油深舱开始加温。

二轨:好的。

二轨:老轨,发电机已经启动并电,主机准备完毕,可以通知驾驶台试车。三轨,燃油系统、滑油系统、空气系统放残。

四轨:收到。

老轨:好的,我们马上试车,请二轨脱开盘车机,并准备检查主机状况。驾驶台,我们现在可以试车了吗?

二轨:老轨,盘车机脱开,可以试车。

驾驶台:甲板上检查完毕,可以试车。

老轨:好的。

(主机冲车,启动正常。正倒车试正常。)

老轨:驾驶台,主机试车完毕,可以使用,转到驾控,再试车。

驾驶台:老轨,知道了,转到驾控试车,(一切正常)半小时后上引水。

老轨点评。

6.1.3 接受备件/物料

情景描述:各位评估老师,我们演习的是船舶靠泊后,供应商送来备件/物料,轮机部人员接受备件/物料的情景。

人员组成:轮机长、大管轮、二管轮、三管轮、电机员、供应商(由评估人员模拟)。

轮机长:接公司机务通知,靠泊后,供应商上船提供备件及物料,各位仔细核对物料申请单上所列的商品名、牌号及数量,仔细确认各备件的型号、生产厂家和相关技术参数,如发现问题及时与我沟通,我会与供应商交涉。大家明白没有?

所有岗位：明白！

大管轮：报告轮机长，本季度物料及备件申请已经递交，具体情况在清单上均详细列明。这次主要是主机活塞环根据尺寸匹配需供应商定制加工，其他均为常规物料，届时我会仔细核对。

轮机长：好的。

二管轮：报告轮机长，本季度物料及备件申请已经递交，具体情况在清单上均详细列明。这次主要是二号副机第一道主轴承轴瓦根据尺寸匹配需供应商定制加工，其他均为常规物料，届时我会仔细核对。

轮机长：好的。

三管轮：报告轮机长，本季度物料及备件申请已经递交，具体情况在清单上均详细列明。这次主要是一些阀门配件供给，届时我会仔细核对。

轮机长：好的。

电机员：报告轮机长，本季度物料及备件申请已经递交，具体情况在清单上均详细列明。均为常规备件及物料，届时我会仔细核对。

轮机长：好的。

轮机长：供应商您好，我是本船轮机长，我带领我们轮机部相关负责人员根据物料与备件申请清单要求来接收与核验数量和质量，在验收过程中，如果发现价格、质量与数量方面存在问题，我们再进一步沟通，希望我们接收工作圆满、顺利。

供应商：非常高兴能给你船提供服务，我们在收到船舶供应清单后，已经仔细核对相关要求，认真地备齐所有物料及备件，但难免因我们工作失误导致个别差错，届时我们会按照清单一条一条进行核对交接。

轮机长：非常感谢！

大管轮：报告轮机长，我在申请单上注明其中一副活塞环要求加厚0.5 mm，但经测量，加厚了1.00 mm，这在活塞环槽中无法安装，其他备件及物料均和供应单上相符。

轮机长：明白。

二管轮：报告轮机长，我所申请的副机喷油器少一个，其他备件及物料均和供应单上相符。

轮机长：明白。

三管轮：报告轮机长，我申请的蒸汽阀中有两个螺纹尺寸不符合，其他备件及物料均和供应单上相符。

轮机长：明白。

电机员：报告轮机长，我的备件及物料均和供应单上相符。

轮机长：好的。

轮机长：尊敬的供应商您好，在这次核对中发现不少问题，特别是我们需要加工一套主机活塞环，要求加厚尺寸为0.5 mm，结果经我们大管轮测量，实际加厚尺寸为1.00 mm。另外副机喷油器缺少一个，还有两个蒸汽阀螺纹尺寸不符合，其他物料与备件和供应单上相符。

供应商:非常抱歉,这可能是我们员工在工作中失误导致的,给您带来了麻烦,我们是否可以在设备上试安装,若确实不能使用,我们尽可能想办法补救解决。

轮机长:大管轮,现在这个活塞环在环槽上是否可以安装?

大管轮:绝对不能安装,原来是因第一缸活塞环槽磨损,我们采用活塞环加厚匹配处理,这是我根据天地间隙测量出来的结果而确定的数据。

轮机长:明白。

三管轮:报告轮机长,这蒸汽阀接头螺纹不匹配是不能安装的。

轮机长:明白。

轮机长:供应商,我们很希望能现场解决,你也听了我们相关主管轮机员的汇报情况,需要你尽快帮我们处理存在的问题;否则我无法在接收单上签字。

供应商:当然,我马上联系公司,争取在开航前解决,如若时间赶不上,在下个港口保证送达。

轮机长:只能这样,等收到所有的备件/物料与供应单上所列项目相符合时,我才能签字,希望你尽快安排解决。

供应商:好的。

供应商:我已经联系公司了,正在积极处理。

轮机长:好的。

轮机长:报告机务,我是轮机长,在这次物料/备件接收过程中,发现主机活塞环尺寸不能满足要求,副机喷油器少一个,其中有两个蒸汽阀接头螺纹尺寸不匹配,我已告知供应商尽快解决,现在我尚未在接收单上签字。

机务:明白,轮机长,辛苦了,烦请您多把关。

轮机长:明白。

轮机长:总结,在这次接收物料/备件过程中同志们辛苦了,大家对各自项目认真负责,严格把关,使得我们成功地查出众多物料供应中存在的问题,我们要继续发扬严谨求实的工作态度、一丝不苟的工作作风,使我们的团队合作有更好的凝聚力。

6.1.4 加燃油

情景描述:各位评估老师,我们演习的是船舶靠泊后,船长通知油驳来加燃油的场景。

人员组成:轮机长、大管轮、二管轮、三管轮、机工、船长(由评估人员模拟)。

船长:轮机长,1800XX公司的"东海号"油驳来我船加油,请做好准备。

轮机长:明白。

轮机长:大副。(回复)。

轮机长:1800 XX公司的"东海号"油驳来我船加油,我把加油计划向你报告,请你核准(回复)。我们这次加油,计划加380cSt的燃料油600 t,准备加在二号油舱左右,即四号货舱下的双层底,一边各300 t;原来二号油舱左右各存油50 t,加完后各为350 t,没有超过80%的容量。计划是否可行?油船来后,请安排水手带缆,升B字旗(夜间开红色信号灯),另外,请安排木匠堵塞全船的主甲板落水口。(回复)。

（轮机长召开会议。）

轮机长：大家注意，1800XX公司的"东海号"油驳来我船加油，我把拟订的加油计划和大家讲一下，该计划大副已经同意。我们这次加油，计划加380cSt重油600 t，准备加到二号油舱左右，即四号货舱下的双层底，一边各300 t；原来各舱存油50 t，加完后各为350 t，没有超过80%的容量。我们机舱和甲板、油船都用高频对讲机16频道进行联系。（回复）。

轮机长：我是分工加油总负责人。负责与驾驶部门协调，与加油代表商讨加油前和加油结束后的相关事宜。

二管轮，加油具体负责人。按加油检查表，确认加油前的各项安全措施；油船来后，负责到供油船上确定油品，测量油位、油温，确定加油速度、联络信号、应急停泵程序；加油中，负责油位异常监视及换舱；加油结束后，负责油量的测量，向我汇报。另外，我们加油用的高频对讲机，放在16频道，二管轮明白没有？（回复）。

三管轮，在加油前，安排机工长放置防污器材、消防器材、警示牌（在输油管接口放置手提式灭火器，回收油专用设备和工具）；正确开启油管路上的各个阀；加油中，测量各油舱液位，有异常马上报告。机工长明白没有？（回复）。

大管轮，加油前，做好防污、消防的措施；加油中，在输油口值守，监督输油管压力、取样和输油管接头、前后缆绳和海面情况，有异常马上叫油船停泵。

另外，大管轮负责记录油船靠泊，接加油管，泵油开始、结束、吹气、拆管、解缆的时间，明白没有？（回复）。

大家在加油过程中注意：禁止吸烟、打电话，有跑、冒、滴、漏现象及油位异常、恶劣天气等马上通知停止加油，一旦有溢油发生，发溢油警报。明白没有？（回复）。

分头准备，随时报告。（回复）。

（准备工作结束。）

机工：机工长，我们已经准备好了，你向二管轮报告吧。

机工长：好！二管轮，加油的防污器材、消防器材、警示牌、工具等已安放妥当。加油管路、油舱的阀已开启！

二管轮：轮机长，我方加油的准备工作已妥当。全船甲板落水口已堵塞，加油旗已挂妥（灯已备妥），各防污、消防器材、工具已到位，油路已正确开启，其他安全措施完备，按照加油检查表检查，已正常。

轮机长：准备工作做得很好！我们等油船来。

（油船停靠后。）

油船方代表：轮机长，你方的加油口在什么位置，加油管的尺寸是多少？

轮机长：加油口在生活区入口，左右都有。油管尺寸是通径186 mm，标准法兰。

油船方代表：好，请安排人员带缆。

轮机长：好，带好缆后，你们来人同我核对一下相关事宜。（回复）。

轮机长：大副，油船已到，请安排人员带缆。（回复）。

（在轮机长办公室。）

油船方代表：轮机长，你们申请的油品和数量是多少？

轮机长:我方申请的是 380cSt 燃油 600 t。(回复)。

油样在我方的加油口处全程取样,三瓶,我们要两瓶。

油船方代表:好,这是加油的申请单、燃油化验单和我方的加油检查确认表、油样标签、燃油化学品特性说明,没有错的话,请签字。

轮机长:没错,我签收,我让二管轮到你们船上协商加油的具体细节。(回复)。

(在油驳船上。)

二管轮:代表,我们加的是 380cS1 燃油 600 t,对吗?(回复)。

我们先商量一下细节。(回复)。

由我方用高频对讲机 16 频道,通知你方启动和停止油泵。(回复)。

在紧急情况下,用高频对讲机通知或我方加油站的机工也可以喊你们停泵,所以,请你们的巡视人员,不能离开我们的视线范围,可以吗?(回复)。

刚开始加油时,用小流量试管,流量不大于 50 t/h,正常后,我们通知你方,慢慢增加泵流量,最大不超过 300 t/h,压力不超过 0.3 MPa。我们换舱和加油至满舱时,会通知你们减流量到 150 t/h,这样安排好吗?(回复)。

加完油,经我们计算确认后再吹气,吹气时,从小到大,再到小,好吗?(回复)。

现在测量一下所有油舱的油位、油温,看一下你们的吃水差吧。

油船方代表:好,我们在测量口安排,不受吃水差的影响。(回复)。

二管轮:油位已测量完毕,油温是 50 ℃。油的数量,加完后,一起计算。(回复)。

二管轮:我现在回去,请你们等我通知。(回复)。

(在船上。)

二管轮:机工长、机工,我们加的是 380cSt 燃油 600 t,开始时小流量试压,正常后,慢慢增加泵流量,最大不超过 300 t/h,压力不超过 0.3 MPa;换舱和满舱时,减流量到 150 t/h。知道吗?(回复)。

用对讲机 16 频道和对方联系,我们通知起停油泵;在紧急情况下,用对讲机通知,或机工也可以喊他们停泵。知道吗?(回复)。

二管轮:油管已接妥,我向轮机长请示后,就可以加油了。(回复)。

(二管轮向轮机长请示,轮机长同意。)

二管轮:机工长。你去油舱测量口准备吧。(回复)。

"东海"油驳,油管已接好,准备工作已妥,可以开泵试管。(回复)。

机工:二管轮,油管正常,没有泄漏。(回复)。

机工长:二管轮,油舱已进油了。(回复)。

二管轮:"东海"油驳。可以慢慢加大泵流量了。(回复:好,100→150→200→250 t/h)

(加油过程中。)

机工长:二管轮,现在泵流量是多少?

二管轮:250 t/h,有问题吗?

机工长:油位上升太快,有 80 cm 了,不应该这么多的。

二管轮:对,显示器上,显示有 90 cm,据此计算,有 200 多吨了,不正常,我马上叫油船停泵。

二管轮:"东海"油驳,我方油舱油位异常,上升过快,停泵。

油船人员:好。泵已停,可以泵油时通知我们。(回复)。

二管轮:轮机长,在加油时,油位上升过快,可能不正常,我已叫油船停泵了。

轮机长:油位上升过快,可能是假油位。你和机工长一起去检查油舱前后的透气帽。

二管轮:明白。机工,你坚守加油口。(回复)。机工长,我们把油舱的透气帽拆开,检查一下。(回复)。

二管轮:机工长,油气和水汽的混合物,把前后两个透气帽的浮子黏住了。(回复)。

二管轮:向轮机长报告原因,并要求继续加油。(轮机长同意)。

二管轮:油驳,原因已查明,现在可以继续加油了。(说明原因)。

油船人员:好的。

二管轮:请按照从小到大,慢慢增加流量的程序开始泵油。(回复)。

(机工长,机工各自报告正常。)

(二管轮向轮机长报告正常。)

(加油完毕,计算、量油。)

油驳船方代表:二管轮,油已经加完了,你下来量油吧。

二管轮:知道了,我们船上先自测一下,然后再到你船测量。

(二管轮测量自己的油舱后,发现少了10多吨油。把情况报告轮机长。轮机长指示,到对方的油驳上检查油位、油舱情况。)

二管轮:根据我们的计算,燃油缺少了10多吨,我们现在对你们所有油舱的油位进行检查。(回复)。

(二管轮在检查油舱时发现,舱内存油太多,没有打干净,要求把舱内的存油驳干净。)

(二管轮检查油舱的油,发现约少1.5 t,向轮机长报告情况,轮机长指示去油驳测量计算。)

二管轮:我们现在来测量油位,计算油量。(回复)。

油船方代表:二管轮,根据我们测量的油位、油温修正,计算的结果刚好是6 001,没有错吧?

二管轮:根据我方的计算,还有偏差,不过偏差由轮机长来处理。

(签单。)

油船方代表:轮机长,加油结束,数量正确,请签单。

轮机长:根据我们的数量,还有1.5 t偏差。

油船方代表:轮机长,你放心,不会有偏差的,我们从来不会少油的。

轮机长:好吧,(误差在0.3%内)签单。

油船方代表:轮机长,这是加油单。

轮机长:三瓶油样,我们两瓶,编号不会搞错吧!(不会)。

加油单(内容)、化验单、检查表、化学品特性说明,所有资料齐了。

轮机长:二管轮,现在可通知吹气扫管、拆管了。扫管、拆管时,注意防污。

二管轮:明白。(二管轮与油驳人员进行沟通)。

二管轮:轮机长,油管已拆下,吊到油驳上了,准备离开。

轮机长:好,我来通知甲板部负责人。

轮机长:大副,加油结束,油驳准备离开。请通知人员解缆,降下 B 旗,拿掉落水口堵塞。(回复)。

轮机长:二管轮,把所有油阀复位,加油记入轮机日志和油类记录簿内,抓紧时间把溢油舱腰节阀修理一下。(回复)。

机工长和机工,把各器材归位,做好现场清洁。(回复)。

机工把记录的时间给我。(回复)。

船长,我们加油已经完成。我们加的是 380cSt 燃油 600 t。

6.1.5　抛锚

情景描述:各位评估老师,我们演习的是接驾驶台通知,主机备车,准备抛锚的场景。

(驾驶台通知准备抛锚)。

值班驾驶员:三管轮,备车航行,准备抛锚。

三管轮:收到。报告轮机长,接驾驶台通知,主机备车,准备抛锚。

轮机长:好的,我下机舱,通知其他人员到机舱。

(轮机长到机舱)。

轮机长:接值班驾驶员通知,准备抛锚,二管轮,启动备用发电机并入电网;大管轮,主机备车;三管轮,上次锚机修理过但没有试运行,你再去检查一下锚机,锚机工作中要注意其工作状况。

(各人分头开始工作)

二管轮:报告轮机长,备用发电机已经并入电网,电网工作正常。

大管轮:报告轮机长,主机已经备车换油,情况正常。

三管轮:报告轮机长,锚机检查正常,启动试验正常。

轮机长:好的。值班驾驶员,机舱备车,主机换油尚未完成,锚机检查正常。

值班驾驶员:好的,主机换油完成后请告知我。

轮机长:好的,大管轮,检查主机换油情况,注意燃油温度变化。

大管轮:是！报告轮机长,主机油已经换好,情况一切正常。

轮机长:好的,注意观察主机、舵机等设备运行情况。驾驶员,主机换油完成,可以机动操车了。

值班驾驶员:好的,马上要降速了。

(抛锚)。

大副:锚链已经入水……

轮机长:三管轮,锚机情况怎么样?

三管轮:报告轮机长,锚机工作正常。

轮机长:好的,继续观察。

大副:锚已经抛好。

三管轮:报告轮机长,抛锚结束,锚机已经停止运行。

轮机长:好的,你休息一下。

(完车。)

值班驾驶员:二管轮,现在完车。

二管轮:好的。报告轮机长,驾驶台通知完车。

轮机长:好的,大管轮,主机完车;二管轮,配合大管轮做好完车工作,然后可以考虑停掉一台发电机;三管轮,启动燃油锅炉。

(众人分头行动,过了不久,船长来电。)

船长:轮机长,现在海面风浪很大,我反复考虑,为了安全,请保持备车值班状态。

轮机长:好的,大管轮,主机保持备车状态。

大管轮:对不起,刚刚驾驶台通知完车后,我已经把示功阀打开,把盘车机合上盘车,冷却海水泵已经停止,滑油泵、冷却淡水泵保持运转。

轮机长:没事,你做得很对,这对于主机是好的,我们等几分钟再把盘车机脱开。

二管轮:报告轮机长,我是否需要将备用发电机并网?

轮机长:是的,我们要保持备车状态。

(过了一会儿。)

轮机长:大管轮,现在将主机盘车机脱开。三管轮,你配合大管轮。

大管轮:报告轮机长,主机盘车机已经脱开,主机示功阀已经关闭。

轮机长:好的,二管轮,现在你值班,为了保持机器温度,将冷却淡水泵停止,开暖缸泵。

二管轮:是,我会保持主机暖缸状态。

(轮机长等人已离开机舱,二管轮值班,这时值班驾驶员通知起锚。)

值班驾驶员:二管轮,主机备车,准备起锚,下午3点30分上引水,预计4点30分靠泊。

二管轮:好的。报告轮机长,接值班驾驶员通知,准备起锚进港,下午3点30分上引水,预计4点30分靠泊。

轮机长:好的,我下机舱,通知其他人。

二管轮:是。

(轮机长及其他轮机员到集控室。)

轮机长:二管轮,机舱情况如何?

二管轮:报告轮机长,主机情况正常,其他各设备检查正常。

轮机长:主机淡水泵启动没有?

二管轮:报告轮机长,主机淡水泵已经启动,暖缸泵已经停止,主海水泵已经启动,辅海水泵已经停止。

轮机长:好的,电网负荷如何?

二管轮:现在两台副机运行,负荷等都正常。

轮机长:好的,起锚过程中注意负荷变化。值班驾驶员,机舱准备完毕。

(起锚。)

三管轮:报告轮机长,锚机工作正常。

二管轮:报告轮机长,副机、电网工作正常。

大管轮:报告轮机长,主机、舵机工作正常。

大副:锚已经出水……锚机已经停止。

(机动航行,靠泊。)

(轮机长点评。)

6.1.6　PSC 检查

情景描述:各位评估老师,我们演习的是接驾驶台通知,抵港后将接受 PSC 检查。

人员组成:轮机长、大管轮、二管轮、三管轮、电机员、PSC 检查官(由评估人员模拟)。

(船长通知轮机长,抵港后 PSC 检查官将登船检查。)

(轮机长召开部门会议。)

轮机长:接公司通知,这次抵港靠泊后 PSC 检查官要上船进行安全检查,这是我船首次来的港口,可能因为 PSC 检查官对我船不熟悉而加大检查力度,我们要做好充分的准备。各岗位按分工明细职责指定的任务进行自查,有任何问题及时向我汇报,等 PSC 检查官上船后要做到谁主管谁必须陪同,该演示的要做好演示,该解释的要做好解释,届时要做到热情接待,诚实谦虚。大家明白没有?

所有岗位:明白!

大管轮:报告轮机长,大型消防系统检查完毕,标识重新喷漆;应急吸入阀检查完毕;燃油速闭装置情况正常;应急操舵试验正常,操作规程重新打印张贴;其他相关设备检查未发现异常;机舱风机风门挡板自动关闭装置的控制部件和机械部件进行检查后发现故障,叫机工长带领机工做好卫生清洁工作。

轮机长:好的,立即组织修理。(明白)。

二管轮:报告轮机长,各油舱透气装置正常,相关标识已重新标注,其他设备未发现异常。

轮机长:好的!

三管轮:报告轮机长,油水分离器做过效用试验,分离筒已进行反冲洗,污油舱经测量与油类记录簿记载相符;应急消防泵做过效用试验,出水顺利;一号救生艇艇机启动困难!

轮机长:立即查明原因,马上组织人员解决。

三管轮:明白!

电机员:报告轮机长,应急照明试验正常,发现 2 号吊艇机限位开关故障。

轮机长:马上修复。

轮机长:报告公司机务,这次抵港前,我船已做好 PSC 检查的自查工作,相关资料已准备就绪,存在的问题目前还有三个:一是机舱风机风门挡板自动关闭装置的控制部件和机械部件进行检查后发现故障;二是一号救生艇艇机启动困难;三是二号救生艇吊艇机限位开关失效,正在积极解决。

公司机务:轮机长您好,这次为了迎接 PSC 检查,时间紧、任务重,你们务必做到全面仔细的自查工作,有任何问题提前发现,及时解决。坚决杜绝滞留事件发生,其间有任何问题需要公司提供支持的请及时和我联系。

轮机长:明白,谢谢领导,我将带领我的团队全力以赴。

(好的。)

大管轮:报告轮机长,机舱风机风门挡板自动关闭装置已修复,原因是机械部件卡阻。

三管轮:报告轮机长,一号艇机原因已查明,发现燃油管不小心被压扁,导致供油不畅,现已用软管接通,启动效用试验正常。

轮机长:好的!

电机员:报告轮机长,二号吊艇机限位开关已更换,效用试验正常。

轮机长:好的!

(检查准备工作完毕。)

轮机长:同志们,经过努力,我们已做好自查工作,PSC检查官上船以后请务必做到热情接待,请待命!

所有岗位:明白!

轮机长:尊敬的PSC检查官您好,我是本船的轮机长,这些是我们的文件资料,我已经叫我们相关人员待命,接受您对我船检查,本船是一条有20年船龄的老旧船舶,部分设备可能存在着缺陷与不足,届时请您批评指正。

PSCO:好的,我们会本着实事求是的精神,对你船进行检查,希望通过检查能对你船的安全设备及管理工作有所帮助。这也是对你们作为船员的很好保护,也希望你们能很好地配合我的检查。

轮机长:谢谢检查官!

PSCO:轮机长,请你安排人员测量污油舱的实际液位,以便和油类记录簿进行核对。

轮机长:好的!

轮机长:三管轮,马上跟我下机舱,对污油舱液位进行测量,给PSCO核对。

三管轮:明白!(数量与记录相符)。

PSCO:轮机长,请做一次全船失电试验,我要检查一下你们的应急发电机及应急照明情况。

轮机长:好的!

轮机长:电机员,马上做全船失电试验,演示应急电源效果。

电机员:明白!(试验正常)。

PSCO:请你马上安排应急消防泵出水。

轮机长:明白!(出水正常)。

轮机长:三管轮,马上启动应急消防泵,进行出水演示。(回复)。

PSCO:轮机长,请你安排检查应急吸入阀、各速闭装置。

轮机长:明白!

轮机长:大管轮,马上带领人员去检查相关装置。

大管轮:明白!(功能正常)。

PSCO:轮机长,请安排检查救生艇排水装置。

轮机长:明白!(一号艇排水泵稍有卡阻)。

轮机长:三管轮,演示救生艇排水泵。

三管轮:明白!(功能正常)。

(检查完毕。)

PSCO:通过这次对你船的安全检查,基本情况较为满意,这样的老龄船能保持这样的状态已经做的不错了,但是在检查中发现一号救生艇排水往复泵卡阻,我建议你们开航前纠正。

轮机长:非常感谢,我们马上纠正,以后会积极组织自查。再次谢谢您对我们的帮助与指正!

轮机长:报告公司机务,PSC 检查已经结束,这次检查比较仔细和全面,在我们团队共同配合下,检查官对检查结果比较满意,除了一号救生艇排水泵卡阻,开航前纠正以外,其他项目均合格,我已经叫三管轮去修复了。

公司机务:轮机长辛苦了,能有这样的结果我们都很满意,这与您平时的良好管理是分不开的,希望以后继续发扬优秀的团队合作精神,创造更加安全和谐的工作环境。

轮机长:明白! 谢谢领导的肯定。

轮机长(总结):同志们! 在这次接受 PSC 检查过程中,大家岗位明确,职责到位,设备线护良好,这与平时的自查分不开,与我们团队紧密配合分不开,与 PSCO 良好沟通分不开,大家辛苦了! 但是我们要明确 PSC 检查的目的是通过检查帮助我们发现缺陷,督促我们日常对安全设备进行有效的管理。不能觉得安全设备只是为了应付检查而安装的,万一真发生灾难时这是帮助我们保护人命财产安全的最后保障。希望同志们在以后的工作中按照体系文件要求,对相应设备进行有效管理。大家明白没有?

所有岗位:明白!

6.1.7 内审

情景描述:各位评估老师,我们演习的是抵港后,公司内审员到船进行体系审核。

人员组成:轮机长、大管轮、二管轮、三管轮、电机员、公司内审员(由评估人员模拟)。

(船长接到公司到船内审通知。)

船长:轮机长,公司将于本轮抵港后到我船内审,请做好准备。

轮机长:是。

(轮机长召开轮机部会议。)

轮机长:公司 SMS 体系办决定本轮抵港后派人到我们船进行内审。在内审之前,我们要进行一次自查,各主管人员要认真对待,尽量在自查中找出设备不符合项,尽早报公司 SMS 办公室,根据体系予以改正,消除不符合项。另外,各主管要检查自己所管的设备保养计划是否按体系来制订,保养是否按计划进行。如果没按计划进行,须写明原因,填报不符合项给公司 SMS 体系办公室,予以改正。大家明白没有?

所有岗位:明白!

轮机长:尊敬的公司内审员,我已落实安排轮机部人员对这次 SMS 管理体系的自查工作,如有缺陷会及时向您汇报。

公司内审员:轮机长辛苦了,这次对你船的内审,公司领导高度重视,现今公司的 DOC 即将到期,要迎接 SMS 外审,希望你带领相关人员认真做好自查工作,有问题可以及时得到纠正。

轮机长:明白,我们会全力以赴,认真对待!

大管轮:报告轮机长,设备保养计划严格按体系来制订,保养实施按计划进行。但经检查最近主机集油柜油位高位报警,发现主机高压油管渗漏。经查主机第 3 缸高压油管有渗漏,估计有沙眼。

轮机长:立即查找备件更换主机第 3 缸高压油管。

大管轮:我已查找过备件,原来唯一一根主机高压油管,已于上航次消耗,已向公司船技部申领备件,但备件还没到船,所以现在我们无备件可换。

轮机长:明白,这就严重不符合公司 SMS 体系,根据 SMS 体系文件须知主机备件最低安全配额,至少有一根可用的高压油管作为备用。要马上填报"不符合项"上报公司 SMS 体系办。另外,督促公司船技部尽快供主机高压油管上船,消除此"不符合项"。大管轮你要采取措施防止漏油进一步扩大,避免造成其他次生灾害。

大管轮:明白,我将马上拆卸进行临时焊补。(好的。)

二管轮:报告轮机长,根据公司 SMS 体系文件规定,副机每运行 6 000 h 要更换系统滑油。而 2 号副机距上次换新系统滑油运行已超过 6 000 h。因为今年开始我们公司为了节约成本引进柴油机 SDA 监测方案,此方案规定主、副机系统滑油及主机扫气箱残油每 6 个月送专门机构检测一次,根据检测结果来确定主、副机是否要保养和是否要更换滑油。根据刚收到的检测报告,副机滑油各项指标均良好,故没有更换 2 号副机的系统滑油。

轮机长:这也是一项"不符合项",我马上填报"不符合项"报公司 SMS 体系办,修改该项须知文件,来消除该"不符合项"。(明白。)

三管轮:报告轮机长,经自查设备保养计划严格按体系来制订,保养实施按计划进行,没有发现不符合要求项目。(好的。)

电机员:报告轮机长,主配电板动力电网绝缘过低报警,经查为 1 号主机海水泵马达线绝缘过低,原因是上次海水管爆裂殃及 1 号主机海水泵发动机,已用烘灯烘烤,但仍无法提高其绝缘。

轮机长:这一故障已影响到我们的航行安全,是一项严重"不符合项",要马上填报"不符合项"上报公司 SMS 体系办。另外,要准备一份修理单报公司船技部,尽快安排 1 号主机海水泵马达吊厂修理,消除此"不符合项"。(明白。)

(船舶抵港后,公司内审员登船检查。)

轮机长:报告公司内审员,经我们对体系所要求的项目进行认真自查,设备保养计划严格按体系来制订,保养实施按计划进行,但其中也发现不少问题,均属不符合项目,主要有以下几个缺陷:(1)主机高压油管备件没有及时到位,现主机第 3 缸高压油管有泄漏现象,采用焊补临时应急,这会严重影响航行安全;(2)副机润滑油按要求应累计运行 6 000 h 更换,现已超过更换时限,因公司要求节油而没有落实;(3)1号主海水泵电机绝缘低,影响航行安全,要求公司给予帮助解决。

公司内审员:我会尽快安排备件到船,关于副机滑油更换时限我们也将会在体系文件修改,另外,关于主海水泵我会立即安排新的电机上船。

轮机长:非常感谢领导的关心与支持!

轮机长:总结,在这次 SMS 内审中,同志们辛苦了! 大家岗位都很明确,职责也很到位,能及时发现缺陷,使我们可以及时整改,我们还需按照 SMS 体系文件的要求,将事情记入轮机日志和相关的工作报告中。但是我们要在每次工作中总结新的经验,才会让我们不断进步。这次的内审充分反映了我们良好的团队合作精神,只有加强沟通,培养良好的团队合作意识,我们的工作才会取得良好业绩。希望在以后的工作中,我们能充分利用团队的资源,创造更加安全绿色的工作环境!

所有岗位:明白!

轮机长:在这次公司的自查中,发现一条不符合项,说明我们日常工作还没做到位。对这一条不符合项,一是要解决故障,二是我们要组织相关人员学习"消防设备的维护保养须知程序"和"缺陷整改程序",并做好相应的培训记录,尽量避免这样的事情再次发生。另外,把解决故障的过程记录在轮机日志中,作为故障消除的证据。大家明白没有? (回复)。

在自检时,如果发现不符合项,检查人员先填写"船舶安全检查整改通知书",由相关责任人签收。机舱组织人员对此进行研究,制订不符合项的整改措施,实施整改,并进一步分析产生缺陷的原因(从体系的程序等方面),组织人员学习相关文件后,填写"船舶缺陷处理报告单",并附相关的整改证据(轮机日志记录、检修记录本、培训学习记录),报公司职能部门。

若在自检中发现的不符合项船方自己不能处理时,应填写"不符合规定情况报告"并报公司职能部门,由相关部门协助船方解决。在缺陷整改后,附相关的整改证据(缺陷整改及相应的培训学习证据)。

6.1.8 雾航

各位评估老师,我们演习的是某轮正常航行中海面突然起雾,备车航行。

人员组成:轮机长、大管轮、二管轮(值班)、三管轮、电机员、船长(由评估人员模拟)。

场景 1(正常航行)

正常航行中,轮机长电告知值班轮机员,询问机舱情况,要求值班人员加强检查巡视。

轮机长电告知机舱:二管轮,现在机舱情况怎么样?

二管轮:报告轮机长,一切正常。

轮机长:好,加强机舱巡视,有特殊情况及时汇报。

二管轮:是。(二管轮观察集控台各仪表,巡视机舱。)

场景 2(雾航准备工作)

值班驾驶员电告知值班轮机员:机舱值班吗? 我们已经进入雾区航行,能见度还将进一步降低,马上要备车航行,请打开雾笛的空气。(将备车车钟按下。)

二管轮:明白。(确认备车车钟。)

二管轮马上电告知轮机长:报告轮机长,刚才值班驾驶员通知,我船进入大雾区域,现在备车航行,请指示。

轮机长:好的,你马上通知机舱所有人员到集控室集合。

二管轮:是。(二管轮通过电话通知机舱各位成员。轮机长和各位轮机员、电机员相继到达集控室。)

轮机长:刚才接到通知,由于海面大雾,现在备车航行。现在我来布置相关工作。轮机员:是。

轮机长:二管轮。

二管轮:到!

轮机长:你去检查备用副机和空压机,准备启动一台副机并网运行,通知值班机工将空气瓶都打满,保证雾笛供气。

二管轮:是。

轮机长:三管轮,你马上去检查一下雾笛的状况,确保正常运行。雾笛检查完后去检查一下锚机,保证随时可用,锅炉转到燃油锅炉模式。

三管轮:是。

轮机长:电机员,你马上去检查电笛、航行灯和信号灯的情况,保证正常使用。

电机员:是。

轮机长:大管轮,你去检查一下两台舵机和应急舵的情况,通知机工长检查堵漏器材,随时准备。

大管轮:是。轮机长,水密门是否要检查一下。

轮机长:好的,你马上带人去检查,同时测试水密门的自动关闭情况。

大管轮:是,我马上去。

(过一会儿后,各轮机员回来报告,准备工作都已完成。)

场景3(雾航操作)

轮机长:大家要加强值班检查,特别是集控室要留人操作,保持和驾驶台的沟通,及时根据车令操车,如有任何疑问,及时报告。

轮机员:是。

(大管轮值班。)

轮机员检查各参数变化,命令值班人员加强巡视检查,同时根据车钟改变主机转速。

大管轮电告值班驾驶员询问海面情况:值班驾驶员,现在海面什么情况?

值班驾驶员:现在好多了,不过来往的船很多,还是要继续备车航行。

大管轮:好的。

场景4(雾航结束)

(天气好转,雾散尽,海面开阔,船只较少。)

值班驾驶员电告机舱值班:值班轮机员,船长通知解除雾航,定速航行。

大管轮:好的,雾笛还要不要使用?

驾驶台:暂时不用了,先关掉吧。

大管轮:好的。

大管轮电告轮机长:轮机长,刚才驾驶台通知解除雾航,定速航行,请指示。

轮机长:我知道了,你通知机舱人员到集控室集合。

大管轮:是。

(轮机长和机舱人员到达机舱。)

轮机长:刚才驾驶台通知现在解除雾航,现在按正常航行值班,但也要加强值班。

轮机员:是。

大管轮:报告轮机长,刚才驾驶台说雾笛暂时不用了。

轮机长:好,三管轮去把雾笛的空气关了。电机员解列一台发电机。

三管轮:是。(关闭雾笛空气。)

电机员:是。(进行发电机解列操作。)

三管轮回来报告:轮机长,雾笛空气阀已经关闭。

轮机长:好的。

电机员解列操作完毕后报告:轮机长,一台发电机已经解列。

轮机长:三管轮,将锅炉转到废气锅炉。

三管轮:是。(操作后再次报告。)

轮机长(总结):这次雾航操作,虽然时间短,但是大家都高度重视。整个机舱团队协调有序,对各种设备都进行了充分的检查。以后要继续发扬这种工作精神,培养在特殊航行状下的情景意识,将造成安全事故的失误链及时切断,保证我们的船舶安全航行。

任务6.2 应急工况

6.2.1 全船失电

情景描述:各位评估老师,我们演习的是某轮在航行途中主机突然发生飞车,致使安保系统动作停车。

人员组成:轮机长、大管轮、二管轮(值班)、三管轮、船长(由评估人员模拟)。

场景1(正常航行)

(二管轮观察集控台各仪表,巡视机舱。)

轮机长电告值班轮机员:二管轮,现在机舱情况怎么样?

二管轮:报告轮机长,一切正常。

轮机长:好,加强机舱巡视,有特殊情况及时汇报。

二管轮:是。

场景2(主机故障时的应急处理)

二管轮观察集控台各仪表,巡视机舱。

(主机报警,自动停车或降速,假设为主机飞车。)

二管轮马上确认警报,消音,电告值班驾驶员。

二管轮:报告值班驾驶员,主机故障停车,暂时无法恢复运行,请马上通知船长。

值班驾驶员:好的,请尽快恢复主机运行,海况不是很好。

二管轮:好的。

(二管轮马上通过电话通知轮机长。)

二管轮:报告轮机长,主机故障停车,请您下机舱指导。

轮机长:好的,我马上下来。马上启动备用发电机并入电网。我马上通知其他机舱人员到集控室集合。

二管轮:明白。

(二管轮启动备用发电机,进行并车操作。轮机长通知机舱所有人员集合,轮机长和其他人员到达机舱。)

轮机长:现在什么情况?

二管轮:报告轮机员,刚才主机突然飞车,然后就自动停车,情况不明。我已经启动备用发电机并网运行。

轮机长:知道了,你报告值班驾驶员了没有?

二管轮:已经报告了。

轮机长:好。大管轮,马上检查主机,尽快查明原因,先检查调速器和高压油泵;二管轮注意观察电网和各发电机的运行;三管轮检查燃油锅炉是否已转到自动模式。

所有轮机员:明白。

(船长电告轮机长。)

轮机长:你好,我是轮机长。

船长:轮机长,现在什么情况,需要什么帮助吗? 现在海况在变坏,请尽快恢复航行。

轮机长:刚才主机故障停车,我已经叫大管轮去检查原因了,我会尽快回复你。

船长:好的,我马上跟公司船技部主管联系,有什么情况尽快报告。

轮机长:好的。

(船长电告公司船技部主管。)

船长:我船刚才主机因故障自动停车,现已组织人员抢修,请指示。

公司:尽快查明情况,及时汇报。

船长:是。

场景3(排除主机故障)

(大管轮和三管轮回到集控室。)

大管轮:报告轮机长,经检查,主机调速器正常,高压油泵齿条活络无卡阻。

轮机长:调速器到油门总杆的传动杆检查过没有?

大管轮:检查过了,我发现调速器输出轴上的螺钉好像松脱了。

轮机长:你马上去调整油门杆的位置,上紧螺钉。

大管轮:是。

轮机长:三管轮带领机工,合上盘车机,打开曲轴箱道门,检查各轴承情况,测量臂距差。

三管轮:是。

轮机长电告船长:报告船长,故障已查明,现已组织人员抢修。

船长:好的,抓紧时间,及时汇报情况。

轮机长:是。

(船长电告公司船技部主管。)

船长:报告公司,我船现已查明主机故障原因,已组织人员抢修。

公司:好,保持联系,及时汇报。

船长:是。

(大管轮回到集控室。)

大管轮:报告轮机长,主机抢修完毕。

轮机长:知道了。

(三管轮回到集控室。)

三管轮:报告轮机长,曲拐箱已经检查,各轴承无异常磨损,臂距差已经测量完毕,请你过目。

轮机长:好的,道门是否盖好了?

三管轮:已经盖好了。

场景4(主机备车开航)

轮机长电告船长:船长,现在主机故障已排除,试车后就可以备车开航了。

船长:好,备车开航,有什么情况及时汇报。(将备车车钟按下。)

船长电告公司主管:报告公司,主机故障已经排除,现已开始备车,等试车后马上开航。

公司:好的,尽快恢复航行,及时汇报情况。

船长:是。

轮机长:大管轮,马上准备备车。

大管轮:是,二管轮,电网储备功率是否足够,请把空气瓶打满。

二管轮:空气瓶已打满,电网充足。

(各轮机员进行备车操作。备车完毕,准备试车。)

大管轮:报告轮机长,主机已经备好,盘车机已经脱开,是否可以冲车?

轮机长:好的。

(轮机长电告值班驾驶员。)

轮机长:报告值班驾驶员,车已备妥,是否可以冲车?

值班驾驶员:好的,可以冲车。

轮机长:二、三管轮到机旁观察主机启动情况。

轮机员:是。

(冲车结束,轮机员报告,可以在机旁用手势 OK 表示。)

轮机长:关闭示功阀,准备试车。

大管轮:是。

（大管轮通过手势表示关闭示功阀。轮机员关闭示功阀，在机旁用手势 OK 表示。）

大管轮：示功阀已经关闭，可以试车。

轮机长：好的。

（轮机长电告值班驾驶员。）

轮机长：报告值班驾驶员，是否可以试车？

驾驶台：可以试车。

（轮机长示意机旁人员注意，然后进行正倒车试验。）

轮机员到机舱报告：主机启动换向正常。

轮机长：好的。

轮机长电告船长：船长，主机试车正常，可以正常航行。

船长：好的，恢复航行，尽快把书面事故报告给我。我要向公司汇报。

轮机长：是。

（按驾驶台车令恢复航行。）

轮机长：主机已经恢复运行，各值班人员注意巡回检查，特别是检查滑油滤器的压差，如有异常现象及时汇报。大管轮将事故经过记录到轮机日志。

各轮机员：是。

轮机长（总结）：大家集合，现在我来总结一下。这次事故虽然不算大，但是也暴露出我们在平时保养检查时不够仔细的问题，特别是一些容易忽视的小地方。虽然是小问题，但如果发生在大风浪或者是狭窄航道，就有可能引起大事故，希望大家吸取教训，保持高度的情景意识，加强值班巡查，杜绝类似事故的发生。今天大家的表现还是值得肯定的，在大家的团结合作下，我们还是以最快的速度排除了故障，控制了船舶风险，希望大家继续发扬我们团队的合作精神。

6.2.2　舵机失灵

情景描述：各位评估老师，我们演习的是某轮在航行途中舵机突然失灵的场景。

人员组成：轮机长、大管轮、二管轮（值班）、三管轮、船长（由评估人员模拟）。

值班驾驶员：二管轮，主、副操舵装置失灵，主机降速至前进一，备车航行，随时做好停车准备。

二管轮：明白。机工，马上去启动备用发电柴油机并入电网，做好主机备车航行。（明白）（电话）报告轮机长，接值班驾驶员通知，主、副操舵失灵请马上到机舱进行指挥。

轮机长：明白，请通知大管轮、电机员等马上下机舱。（是。）

二管轮：（电话）大管轮、三管轮、电机员，马上下机舱。（明白。）

轮机长：大管轮，马上与电机员去舵机房检查舵机，查明操舵失灵原因，尽快修复以使其正常使用；三管轮，会同甲板部人员进行应急操舵。（明白。）

（大管轮等到舵机房，二管轮操作主机。）

二管轮：报告轮机长，备用发电机已启动，现并网运行。按驾驶台要求，现在主机已进入备车航行状态，车速前进二。

轮机长:明白,保持机舱值班,随时与驾驶台联系。

三管轮:值班驾驶员,应急舵已经启动,请求对舵。

二副:好的,左舵五……

三管轮:左舵五……报告轮机长,应急舵使用正常。(好的。)

轮机长:报告船长,由于舵机操控失灵,现在已进入应急操舵状态,另外我们正在查找原因,请加强瞭望,注意安全。

船长:轮机长,现在海况良好,但请尽快解决舵机故障,恢复正常操舵。(明白。)

(大管轮、电机员检查舵机。)

电机员:报告轮机长,故障原因已查明,一只接触器烧坏,需更换接触器。

轮机长:好,赶快找出备件,更换接触器。(是。)

轮机长:船长,故障原因已查明,接触器损坏,换新大约 0.5 h。(好的。)

电机员:报告轮机长,损坏的接触器已换新,现在可以转换到驾驶台操作。(好的。)

轮机长:(电话至舵机间)大管轮,应急操舵结束,恢复正常操舵,继续观察主舵运行情况。

大管轮:报告轮机长,经 0.5 h 观察,主舵运行正常。(好的。)

轮机长:报告船长,故障已排除,恢复驾驶台操舵,可以正常续航。(好的。)

轮机长:所有人员集合! 在这次应急操舵过程中,指令畅通,同志们动作迅速,各司其职,操作比较熟练,配合良好,希望在以后的工作中继续发扬团结协作精神和一丝不苟的工作作风,在以后的工作中要加强对设备的检查保养,及早发现问题,杜绝类似故障的发生。

所有岗位:明白!

6.2.3 全船失电

情景描述:各位评估老师,我们演习的是某轮在航行途中突然失电,主机停车的场景。(有人值班机舱,副机不能自动启动并电。)

四轨:驾驶台,现在全船失电,我们将尽快恢复供电,请把车种手柄拉到零位。

驾驶台:好的。

四轨:老轨,二轨,三轨,全船失电,请下机舱。应急发电机自动启动,应急照明供电。轮机长及轮机员来到机舱。

老轨:怎么回事? 怎么跳电了?

四轨:刚才 1 号副机低油压报警,随后就停车了。

老轨:三轨,启动应急柴油泵,然后启动辅机。

四轨,先关闭锅炉的主蒸汽阀,停止造水机,转换有关阀门。

三轨:老轨,应急柴油泵已启动,发电机已启动,已供电。

四轨:锅炉主蒸汽阀已关闭。

老轨:恢复各设备,停止应急发电机,恢复机舱风机,海水等系统供电,打开锅炉的主蒸汽阀,重新启动燃油滑油分油机。

二轨、三轨、四轨:好的。

老轨:驾驶台,把主机控制转到机舱。

驾驶台:好的。

老轨:二轨,检查主机系统,开示功阀,盘车。

二轨:好的。

二轨:老轨,主机各系统已启动,系统参数正常,可以启动主机。

三轨:老轨,应急发电机已停止,风机和其他辅助系统启动完毕,分油机已启动。

老轨:船长,我们已经启动备用发电机,全船恢复供电,可以启动主机。

船长:老轨,可以动车。

老轨:二轨,脱开盘车机,冲车。四轨,关闭示功阀。二轨启动主机。四轨,检查主机参数。

二轨:老轨,主机已启动,一切正常,继续航行。

老轨:驾驶台,主机一切正常,可以开航。

船长:明白,把主机转到驾控。

老轨:四轨,再检查一遍机舱,二轨,启动空调冰机。

二轨:老轨,空调冰机已启动。

四轨:机舱一切正常。

老轨:检查发电机为什么会跳电。

四轨:老轨,发电机停车前,过来一个发电机滑油低压报警。我刚确认警报,还没来得及去看,发电机就停了。

老轨:三轨,你们去看看,1号发电机有什么问题,检查一下发电机油底壳油位。

三轨:好的。

三轨:老轨,发现有一根油压检测器油管磨损导致漏油,安保系统动作导致发电机停车。

老轨:知道了,把油管换了。

三轨:好的。

三轨:四轨,你去找工具,我去找油管。

三轨:老轨,油管已换好。

老轨:重新启动试验1号发电机。

三轨:好的。

三轨:老轨,1号发电机已启动,运转正常。

轮机长讲评:以后值班注意检查,看见任何的跑冒滴漏立即消除,注意做好防护工作。

6.2.4 机舱着火

情景描述:各位评估老师,我们演习的是某轮在航行过程中机舱锅炉房着火的场景。

三轨:驾驶台,机舱着火了!

二副:机舱着火了?(发出了警报。)火警警报响起。

三轨命令:值班三轨你去用手提式灭火器设法控制火情。

（三轨启动备用发电机,并车,把主机减速。）

（机舱全体人员到达机舱。）

老轨:三轨 ,哪里着火了?

三轨:锅炉中层燃油管附近,我已经切断锅炉所有燃油阀以及电源。

老轨:好的,明白。你去把副机换成轻油。

三轨:好的。

老轨:报告船长,机舱着火,目前火情不大,可以控制。所有人员到齐,已经派人用手提灭火器去灭火,由于担心火势蔓延,我们准备停主机,以防万一事态扩大。

船长:老轨,现在海况很好可以停止主机。

老轨:二轨将主机换轻油,然后停主机,停锅炉附近的通风机,关闭有关风门挡板。

二轨:明白。

老轨:四轨启动主消防泵同时备用应急消防泵,带领消防队,尽快灭火。二轨关闭锅炉附近机舱风机和风门挡板。四轨启动主消防泵。

四轨:估计是锅炉燃油高压油管快速接头有油溅出,溅到附近蒸汽管引起火灾,目前手提灭火器用了好几个,作用不大,无法扑灭,咱们是否使用推车式灭火器?

老轨:好的。

四轨带着机舱灭火人员灭火,15 min 后灭火完毕。

四轨:老轨,机舱火灾已经扑灭,无复燃迹象。

老轨:船长,机舱火灾已经扑灭,无复燃迹象。

船长:清理火灾现场,把损失情况报公司,做好记录。

老轨:好的。

老轨:二轨开启所有机舱通风,清理火灾现场。

二轨:老轨,所有机舱风门开启,通风机启动,开始通风。20 min 后……

二轨:老轨,机舱火灾现场清理完毕。火灾原因确定是由于锅炉燃油系统高压油管快速接头损坏,燃油飞溅至附近蒸汽管路导致火灾。

老轨:好的。

老轨:船长可以开航。我们先用一会儿轻油,等废气锅炉蒸汽压力起来后再换重油。

船长:好的,准备启动主机开航。

老轨:四轨,把火灾损坏的部件检查确认,看是否有备件,若没有赶快申请,同时检查辅锅炉是否还能使用。

四轨:明白。锅炉燃油快速接头船上有备件,另外供油电磁阀和点火电磁阀,还有相连的一些电缆都烧坏了,船上有备件和物料,我马上带人更换。两小时后四轨和电机员带人修复好损坏部件,恢复锅炉的运行,一切正常。

老轨点评:这是一次大的船舶事故,在以后的工作中,要及时检查锅炉主机、辅机、锅炉的油管等附件,如有异常要及时更换,没有备件的要及时申请,当班轮机员和三轨还要多巡视检查,及时发现问题及时采取措施。

假如机舱火势较大推车式灭火器无法扑灭,机舱报警,机舱人员撤离机舱,启动固定式灭火系统,老轨带上车钟记录簿和轮机日志,所有人员带上应急呼吸器,从应急逃生孔撤离。

6.2.5　机舱进水

情景描述:船舶在某渔区航行时,海况良好。值班三轨收到污水井高位警报,检查时发现机舱舱底污水异常,怀疑机舱进水,报告值班轮机员。

三轨:四轨,我发现舱底污水很多,污水井高位警报,你下来看看吧。四轨和三轨检查后发现,主海水管破损。

四轨:老轨,主海水泵进口阀前海水管路破了个洞,水漏的比较大,你下来看看吧。

老轨:好,我马上下来,你立刻通知二轨、三轨、三轨长都下去。

四轨:好的。

5 min 后,机舱人员都下到机舱,经检查决定由二轨、三轨、三轨长组织堵漏。四轨和值班三轨通过油水分离器排水同时加强机舱巡查。20 min 后,大家发现因海水管腐蚀严重加上海水压力太大,漏洞继续扩大,漏水更加严重,水位不断上升。

轮机长:二轨,这个效果不好啊。漏得更大了,要不换个更大的管箍卡住,再打个水泥箱封堵吧!

二轨:我看不一定行,这漏洞太大,大约直径5 kg,海水压力也大,管箍无法有效地减小漏水,水泥箱也封不住,即便有效,但管子腐蚀太严重,还可能出现二次漏水,我看还是趁现在风平浪静,停车换个新管,这样比较彻底。

老轨:好,就这样,我去通知驾驶台和船长。

老轨:船长,机舱主海水管破了,漏得比较大,堵不住,我们得停车换新管,还得全船停电。

船长:必须停电吗?

老轨:是,海水管破的地方不好,两个海底门都要关闭才能截断海水,这样就没有冷却水了,发电机只靠淡水没法支持这么长时间。

船长:要多长时间?

老轨:停车后至少3.5 h吧!

船长:你等一下,我看看海况。

船长:老轨,这地方渔船很多,不适合漂航,你们能不能坚持 0.5 h,我找个好点的地方漂。

老轨:那我们可能要开货仓扫舱泵排机舱污水。机舱污水泵和油水分离器排量不够。机舱舱底很干净,没有污油水。

船长:行,应急情况,你们开吧,做好记录。你们做好停电前的准备工作,我报告公司。

老轨:好的。

老轨:二轨,这里是渔区,船长要我们再坚持 0.5 h,另找个地方漂。你让三轨、四轨把锅炉和发电机换轻油。回头全船停电,要用应急发电机,你还得把应急发电机检查一下。

二轨:好的。

二轨:电机员,主发电机停电,电焊机不能用了啊。

电机员:没问题,我可以从应急配电板上拉一根电缆到电焊机上。

老轨:好,就这么办。

二轨:四轨,你把污水井去货仓扫舱喷射泵的阀打开,1 号 GS 泵启动起来,再用货仓扫舱喷射泵排水,注意排水速度和机舱水位。

三轨把锅炉和发电机换轻油,检查应急发电机。电机员从应急配电板上拉一根电缆到电焊机上。

驾驶台:机舱可以停车了。

老轨:二轨,准备停车吧。

二轨:好。

(机舱备车并快速停车,主机停车后冷却 30 min 后。)

老轨:锅炉和发电机轻油换好了吗?

三轨:好了。

老轨:应急发电机呢?

三轨:没问题,可以启动。

老轨:二轨,让四轨停海水泵,关闭海底阀。你把主淡水泵、主滑油泵、分油机、冰机空调这些都停了,准备断电。

二轨:好的。

过了一会儿,四轨停了主海水泵,通用泵,关了海底门,大管轮停了主淡水泵、高温淡水泵、主滑油泵、分油机、冰机空调等重要设备。

老轨:三轨,设备都停了,你把主发电机停了吧。

三轨:好的。

三轨停了主发电机,全船跳电,45 s 后应急发电机启动供电。

老轨:三轨,你要密切注意应急发电机。

三轨:好的。

(3 h 后,三轨长做好新管,三管轮,三轨协助安装。一切就绪后试水一切正常。)

老轨:三轨,把发电机启动起来给全船供电吧。

三轨:好的。

(10 min 后,主发电机启动,合闸,全船供电。)

老轨:二轨,立刻把主海水泵和淡水泵启动起来。

二轨:好的。

(10 min 后,启动各用电设备,备车,通知驾驶台。)

老轨:船长,机舱备车好了,可以动车了。

船长:好的,辛苦你们了,现在开始动车。

(起车,1 h 后恢复正常航行。)

6.2.6　船舶搁浅

情景描述:船舶在某河流中航行,驾驶台通知机舱紧急停车,船舶可能搁浅。值班轮机员按照驾驶台命令按下紧急停车按钮,同时按下机舱紧急呼叫轮机员按钮,机舱人员到集控室集合。(显示搁浅信号。日间:垂直悬挂三个黑球;夜间:显示锚灯和垂直两盏环照红灯)。

大副:机舱紧急停车,船舶可能搁浅。

二轨:好的。

二轨:老轨,驾驶台通知船舶可能搁浅。机舱人员已全部到集控室集合,你下来看看吧。

老轨:好的,我马上下去。

老轨:二轨,检查机舱舱底和主机循环柜油位是否正常,把低位海底门换成高位海底门。三轨,停造水机,再启动一台付机。四轨,转换锅炉到自动点火,检查好气压。

(各轮机员回复并执行。)

二轨:报告老轨,已检查舱底、油底壳及双层底油柜没有异常。艉轴没有异常。

三轨:报告老轨,发电机已经并电运行。

四轨:报告老轨,锅炉已工作,气压正常。

老轨:二轨,打开示功阀,泵气缸油,查看主机盘车是否有阻力。如果正常,20 min后把盘车机脱开。然后检查舵机。大管轮执行。

老轨:三轨,检查各油舱油位是否正常。四轨,保持舱底巡视。检查污油水舱液位。

二轨:盘车正常,没有发现中间轴有卡阻现象,螺旋桨应该没有触底。

三轨:各油舱油位正常。

四轨:污油水舱液位正常。舱底无异常。

老轨给驾驶台打电话:机舱各设备管路舱室无异常。水舱情况怎么样?

船长:老轨,已经让木匠去量水,现在还没报告情况。机舱等待消息。

船长:老轨,甲板各水舱已经测量,没有问题。已经向公司报告了船舶现在的状况,公司希望我们下一个潮水时再动车,大概6 h后,到时驾驶台会通知机舱,现在抛锚。

老轨:好的。

老轨:二轨,你带人去测量主机拐挡差。

二轨:好的。报告老轨,拐挡差测量正常。

(6 h后驾驶台通知机舱准备动车。机舱休息人员到达机舱准备。)

船长通知老轨:现在潮水上涨,可以动车,请密切注意机舱舱底和各双层底油舱液位,有情况及时同驾驶台联系。

老轨:好的。

(驾驶台发出微速倒车命令,船舶开始微速倒退。)

轮机长电告船长:机舱一切正常。主机加速后退。

(船舶顺利脱险。)

6.2.7 船舶碰撞/触礁

情景描述:时间××:××,船舶空载航行至渤海海峡水域,驾驶台突然将车钟连续两次从 FULL AH 位拉至 STOP 位,再拉至 FULL AS,同时左满舵转向。值班轮机员迅速将主机拉停,待主机转速降至应急换向转速后启动主机。片刻船体发生剧烈震动。船舶碰撞发生了。驾驶台向全船发出碰撞警报。

大副:二轨,船舶发生碰撞,现在紧急备车。

二轨:收到。

二轨:三轨,请你带人启动备用发电机组后并网发电。

三轨:好的。

(机舱所有人员迅速进入机舱。)

老轨:二轨,主机赶快换油,机动航行,并查看舵机房有无破损,检查舵三轨状况。

二轨:明白。

老轨:三轨,你迅速测量各油舱,查看有无破损泄漏油舱,做好记录,并做好驳油准备。

三轨:明白。

老轨:四轨,迅速准备排水泵,准备排水,并且测量污水柜、污油柜、主机循环柜油位,做好记录。

四轨:明白。

老轨:电机员,管理好电站,并准备做好受损区域电气设备防护工作。

电机员:明白。

老轨:三轨长组织其他人员检查机舱有无破损。

三轨长:明白。

(机舱所有人去准备和检查。2 min 左右二轨匆忙报告。)

二轨:老轨,舵机舱右舷中部船体破损,破损面积大概长 0.4 m,宽 0.3 m,进水量大约 1 m³/min,水压不大,估计水线下 0.5 m 左右,现在三轨用毛毯临时堵住,控制进水量。

老轨:好的,你们坚持住,我马上采取措施。

老轨:船长,舵机舱右舷中部船体破损,破损面积大概长 0.4 m,宽 0.3 m,进水量大约 1 m³/min,水压不大,估计水线下 0.5 m 左右,现在三轨用毛毯临时堵住,控制进水量。我需要将破损处至于下风,调整吃水差,使船尾右舷上浮 2 m 控制进水,若进水无法控制需要启动喷射泵排水。

老轨:船长,舵机舱右舷中部船体破损,破损面积大概长 0.4 m,宽 0.3 m,进水量大约 1 m³/min,水压不大,估计水线下 0.5 m 左右,现在三轨用毛毯临时堵住,控制进水量。我需要将破损处至于下风,调整吃水差,使船尾右舷上浮 2 m 控制进水,若进水无法控制需要开启喷射泵排水。

船长:好的,我同意,马上执行。

老轨:大副,我准备以最大排量将艏尖舱、1 号左右压载舱压满,并将艉压载排空,并适当将船左横倾 5°。

大副:好的,我马上通知四轨。

大副:四轨,你准备以最大排量将艏尖舱、1号左右压载舱压满,并将艉压载排空,并适当将船左横倾5°。

四轨:明白。

(这时驾驶台将车钟拉到停车位,主机停车。)

三轨:老轨,所有油舱已测量,未发现异常。

老轨:好的,现在正调整吃水,你继续测量检查。

三轨:好的。

(1 h后破损处露出水线,进水得到控制。)

老轨:船长,现在进水得到控制,准备临时修理,局部割除破损钢板,覆板焊补破口。

船长:好的,你迅速安排,保证焊接质量,将破损处拍照取证。我把有关情况报告公司。

老轨:好的。

老轨:二轨,你马上安排三轨长局部割除破损钢板,附板焊补破口。

二轨:是,我马上安排。

(2 h后破损处焊补完毕。)

老轨:船长,破损焊补完毕,我将重新调整吃水差和和横倾,检查是否泄漏。

船长:好的。

(0.5 h吃水差调整后,破损处已无泄漏。)

老轨:船长,破损处已焊补修复,可以继续航行。

船长:好的,通知机舱备车待命,等待公司、海事局调查取证,整理好碰撞事故的有关记录,便于索赔。

老轨:好的,我去安排。

老轨:二轨,现在去机舱备车待命,等待公司、海事局调查取证,整理好碰撞事故的有关记录,便于索赔。你安排其他人整理机舱。

二轨:好的,我马上安排。

6.2.8 溢油

情景描述:某轮在某港加油过程中由于加油管路中3号左油舱进口阀关闭不严导致3号左油舱进油,造成了透气口溢油现象。

老轨:接到公司通知我们于后天在美国某港加重油1 000 t,现在我们开个加油前的会议,三轨做好燃油并舱,这次燃油加到2舱左右各300 t,1舱400 t,加油前测量我们的燃油数量,做好加油前的换阀工作。四轨组织防溢油,防污染的准备工作并通知木匠堵好地漏。加油过程中更换油舱时阀门控制好,必要时先停泵防止油压突变导致溢油。

(两天后加油现场。)

老轨:四轨防污器材,地漏堵好没有? 禁止吸烟的警示牌,加油管路布置图,加油分工表,手势信号图挂好没有?

四轨:一切正常。

（老轨通过核对供油方单据的燃油牌号,加油数量及含硫量等,通知三轨去量油。）

老轨:二轨在加油口值班。三轨去加油船量油,与供油方确定好通信信号。

二轨:老轨,管子已经接好。

三轨:老轨油已全部测量完毕,通信信号已经确认,以我方为主。可以加油了吗?

老轨:三轨再确认一下各舱柜的阀门。

三轨:阀门确认无误。可以加油。

老轨:二轨,通知供油船开始供油,开始油压不要太高。

二轨:好的。

老轨:三轨,开始加油了,勤测量。

三轨:老轨,2 舱左右油位开始上升,很慢,其他油舱都正常。

老轨:二轨通知供油船缓慢加大流量将加油压力保持在 3 kg。

二轨:明白。

（30 min 后从 3 号左燃油舱透气孔有油溢出至集油槽中。二轨通知供油船立即停油。）

二轨:电话通知驾驶台,跑油了!

值班驾驶员拉响溢油警报后全体船员到达应急部署站。老轨经检查溢油现场通知船长。

老轨:船长,加油管路中 3 号左油舱进口阀关不严导致 3 号左油舱进油,造成了透气孔溢油。现场甲板和集油槽中有很多油迹,海面没有油迹,请指示。

船长:立即清除溢油。

老轨:好的,立即清除溢油。

船长:海岸警备队,我轮在加油过程中出现少量溢油,向你报告。

海岸警备队:好的,我们一会儿上船查看。

（海岸警备队上船。）

海岸警备队:船长,怎么发生的溢油?溢油程度怎么样?

船长:加油管路中 3 号左油舱进口阀关不严导致 3 号左油舱进油,出现了透气孔溢油,但没有流到海里。我们正在组织人员回收溢油。

老轨:三轨拿锯末围住溢油,四轨拿桶和撮箕笤帚收溢油。

三轨、四轨:明白。

（1 h 以后溢油清理完毕。）

二轨:老轨油已收集,甲板已清洁。

老轨:好的。四轨查找备件看是否有合适的阀更换。

四轨:明白。（1 h 后阀更换完毕。）

老轨:船长,甲板溢油清除完毕,可以继续加油。

船长:可以加油,注意观察。

老轨:二轨通知供油船继续供油,降低压力。注意观察各舱透气孔。要保持全程不间断地取油样。三轨连续量油确保油舱不超容量。

二轨:已经开始加油,加油站附近正常,压力不超过 2.5 kg。

（5 min 后）

三轨:老轨,油舱油位开始上涨。

老轨:好的,注意观察,勤汇报。

（3 h 后加油结束,老轨通知三轨核算油数。无误后老轨签字,加油结束。）

老轨点评:以后在加油过程中随时关注各舱油位变化注意各舱油位是否正常,防止进油阀关不严导致油舱油位异常,溢出造成海洋污染。

6.2.9　海盗袭击

情景描述:船舶航行于海盗活动区域里,发现可疑船只靠近,展开防海盗应急工作。

人员组成:轮机长、大管轮、二管轮（值班）、三管轮、电机员、机工长、驾驶台员（评估人员模拟）。

值班驾驶员:接船长命令,我船将进入海盗区,请做好相关防海盗工作。

二管轮:是!（电话通知轮机长）报告轮机长,接值班驾驶员通知,船长命令做好防海盗工作!

轮机长:通知机舱所有人员召开安全会议。

二管轮:是! 所有人员到机舱集控室开会。

轮机长:接船长命令,我船将进入海盗区,我们要提前做好防海盗准备工作。

轮机长:大管轮! 检查主机、舵机等相关设备。安排人员协同甲板部进行防海盗值班。按驾驶台命令做好备车工作。

大管轮:是!

轮机长:二管轮,检查电力设备,包括应急电力设备等,保证电力供应,检查油舱透气孔等。

二管轮:是!

轮机长:三管轮,检查所属安全设备,尤其是会同三副检查安全舱。

三管轮:是!

轮机长:机工长,带领机工,配合甲板部,做好门窗封闭、楼梯拆卸、布设铁丝网等工作。

机工长:是!

（各人分头行动,并向轮机长报告,工作已经完成。）

轮机长:二管轮,加强值班,如有情况及时汇报!

（二管轮值班,轮机长及其他人员离开机舱。）

（拉响防海盗警报,船长向全船广播:有海盗船快速向我船逼近,大家迅速进入自己的岗位。）

驾驶台:二管轮,雷达上发现 12 n mile 处有一回波,用望远镜发现回波是一条渔船大小的白色小船,旁边有一快艇以 20 kn 左右速度向我船逼近,疑是海盗袭击我船。

二管轮:明白!

轮机长:二管轮,坚守值班岗位,确保主、副机与舵机正常运转,与驾驶台保持密切联系,必要时对主机进行越控操作。（明白。）

轮机长:大管轮,迅速关闭机舱与主甲板相通的所有通道。(明白。)

轮机长:三管轮,备妥消防泵,压力调整到1.8 MPa。(明白。)

轮机长:电机员,带领一名机工去打开安全舱的道门,并协同二副接通安全舱220 V的应急电源、卫星电话、甲板监控摄像头。(明白。)

电机员:明白。

轮机长:报告船长,机舱已按应变部署表规定进入应急状态,主机可以越控操作。(明白。)

大管轮:报告轮机长,已关闭机舱与主甲板相通的所有通道。(明白。)

三管轮:报告,消防泵已备妥。(明白。)

电机员:报告,安全舱的道门已打开,所有的设施已接通。(明白。)

轮机长:报告船长,现在机舱所有的应急准备已完成,请指示!

船长:继续保持应急,提高警惕,全力防止海盗登船。(明白。)

轮机长:所有岗位,继续应急,全员提高警惕,尽一切可能防止海盗登船。

所有岗位:明白!

船长:轮机长,现在疑似海盗船舶已离我们远去,但还要保持应急值班,随时做好战斗准备!(明白。)

轮机长:所有岗位,接船长通知,海盗船暂时离我们远去,但还需保持应急状态,随时做好投入战斗准备。

所有岗位:明白!

船长:现已进入安全区域,可以保持正常航行值班。(明白。)

轮机长:所有岗位,船长通知,现已进入安全区域,可以正常值班续航,把相关设备复位。

所有岗位:明白!

大管轮:报告轮机长,机舱与主甲板通道已开启。(好的。)

三管轮:报告轮机长,消防泵已关闭,系统已复位。(好的。)

电机员:报告轮机长,相关装置已复位。(好的。)

二管轮:报告轮机长,主机已恢复正常状态运行,各参数正常。(好的。)

轮机长(集合总结):在这次发生海盗袭击应急过程中,大家岗位明确,反应迅速,动作到位,充分发挥了我们优良的团队协作精神,希望以后继续保持。但这次事件也提醒我们,以后进入相关危险水域前,事先做好相关设备检查,提高警惕,最大限度地保护我们生命财产的安全。值班轮机员,还应把这次事件详细记录至轮机日志。大家明白没有?

所有人员:明白!

任务 6.3 计 划 编 制

6.3.1 题卡一

请根据以下信息制订维修保养计划,见表 6-1。

表 6-1 题卡一

船型	集装箱船
船舶航线	从新加坡到中国再到荷兰,靠泊以下港口和停靠时间,新加坡 12 h→上海 24 h→宁波 10 h→深圳赤湾 15 h→新加坡→阿姆斯特丹
船舶动态	现在是早上在海上航行;第二天靠新加坡,装卸完货后去上海,在新加坡需要接收物料备件
船舶机舱设备状况和保养项目	1. 主机一个排气阀运行时间到期需要吊检; 2. 主机一个缸活塞环到港检查发现断裂需要更换; 3. 一台燃油分油机故障; 4. 此次到新加坡时运转中辅机已经连续运转 230 h; 5. 锅炉燃烧器的清洗; ......

6.3.2 题卡二

请根据以下信息制订维修保养计划,见表 6-2。

表 6-2 题卡二

船型	汽车船
船舶航线	厦门→青岛→大连
船舶动态	船舶现在从厦门出发两天,1 天后到达青岛,从明天起进入风浪区,机舱加强值班。
船舶机舱设备状况和保养项目	1. 污水柜水位已到较高位置,污水需要排海处理; 2. 辅锅炉在青岛要进行年检; 3. 主机工况良好; 4. 主空压机曲轴箱滑油使用时间较长,需要更换; 5. 一台发电机空冷器冷却效果不理想需要清洗,增压器有踹振现象; ......

6.3.3 题卡三

请根据以下信息制订维修保养计划,见表 6 – 3。

表 6 – 3 题卡三

船型	汽车船
船舶航线	欧洲到香港,现在船舶沿途停靠德国的不来梅港 12 h→汉堡 16 h→英国南安普顿 12 h→法国马赛 10 h→香港,船舶过苏伊士运河
船舶动态	现是早上,船舶明天 9 点靠泊不来梅,在不来梅港需要接收备件物料,汉堡要加装燃油 4 000 t。
船舶机舱设备状况和保养项目	1. 主机高压油泵一台到期需要更换; 2. 主机排气阀有一个需要吊检; 3. 主机滑油分油机加热器温度达不到要求; 4. 三台发电机其中一台到期需大修; ……

6.3.4 题卡四

请根据以下信息制订维修保养计划,见表 6 – 4。

表 6 – 4 题卡四

船型	散货船
船舶航线	温哥华→深圳→澳大利亚
船舶动态	温哥华加油菜籽到深圳,代理通知船舶靠泊后 PSCO 计划上船检查,两天后到达深圳港并计划卸货 30 h,还要接收物料,下个航次到澳大利亚装小麦
船舶机舱设备状况和保养项目	1. 主机扫气道需要清洁; 2. 造水机工况不好,造水量明显低于正常值; 3. 一台燃油分油机供油泵轴封泄漏严重; 4. 应急发电机启动电瓶老化,充电困难,现在只能手动液压启动; ……

6.3.5 题卡五

请根据以下信息制订维修保养计划,见表 6 – 5。

表 6-5　题卡五

船型	集装箱船
船舶航线	广州→青岛→釜山→广州
船舶动态	你是新上船接班的轮机长,对此船情况并不是很了解,经过 2 天的航行,你发现船舶机舱状况不是很好,现在是星期一早上,星期二上午 10:00 靠广州码头。靠泊港口时间:广州 16 h,青岛 20 h,釜山 12 h
船舶机舱设备状况和保养项目	1. 主机有一个缸需要吊缸; 2. 主机增压器工况也不是很好,可能需要更换轴承; 3. 三台发电机中有一台需要检修; 4. 应急消防泵排出压力达不到要求、油水分离器等防污染设备工况差; ……

6.3.6　题卡六

请根据以下信息制订维修保养计划,见表 6-6。

表 6-6　题卡六

船型	散货船
船舶航线	远洋环球航线
船舶动态	现在是早上机舱工作晨会(船舶在海上航行中),第 2 天靠厦门卸货,停靠码头 24 h;然后去宁波装货停靠码头 20 h
船舶机舱设备状况和保养项目	1. 锅炉燃烧器的清洗; 2. 锅炉废气侧清洗时间已到; 3. 主机一个缸的排气阀运行时间到期需要吊检; 4. 主机一个缸的喷油嘴到期需要更换; 5. 主机一个缸的活塞环断裂需要更换; 6. 一台燃油分油机故障; 7. 运转中的发电机滑油压差大; ……

6.3.7　题卡七

请根据以下信息制订维修保养计划,见表 6-7。

表 6-7 题卡七

船型	散货船
船舶航线	远洋环球航线
船舶动态	海上航行 2 天后靠日本大阪港,且有副机备件接收
船舶机舱设备状况和保养项目	1. 航行中 2 号和 3 号副机并联运行,因 3 号副机淡水冷却器海水侧脏堵导致其淡水温度高而报警; 2. 因这次装载的燃油质量不好、杂质多,如处理不好滤器容易脏堵; 3. 1 号副机曾用轻油,因高压油泵内漏过大,难以启动; 4. 风机房百叶窗检查时发现不能完全关闭; 5. 一台海水泵泄漏严重; ……

6.3.8 题卡八

请根据以下信息制订维修保养计划,见表 6-8。

表 6-8 题卡八

船型	无人机舱散货船
船舶航线	远洋环球航线
船舶动态	船已航行出了马六甲海峡 1 天,开往巴西桑托斯港,预计 30 天后到达
船舶机舱设备状况和保养项目	1. 主机 1 号缸排温过高,扫气温度也过高,检查确认此缸活塞环断裂; 2. 三台发动机有一台正在吊检大修; 3. 一台空调制冷效果不好; 4. 两台空压机保养时间已到; 5. 油水分离器使用效果不理想; ……

6.3.9 题卡九

请根据以下信息制订维修保养计划,见表 6-9。

表 6-9 题卡九

船型	集装箱 - 1 000 TEU
船舶航线	红海地区沙特阿拉伯→苏丹 →亚丁
船舶动态	船舶现在因为在没有泊位,现在是早上 8:00 在亚丁港口抛锚,抛锚两天后进港停靠 12 h

表 6 - 9（续）

船型	集装箱 - 1 000 TEU
船舶机舱设备状况和保养项目	1. 本轮有三台燃油分油机，只有一台工况良好； 2. 到亚丁港有废油 30 t 要送岸； 3. 有公司主管到亚丁港来访船，进行为期一周的例行设备状况检查； ……

6.3.10 题卡十

请根据以下信息制订维修保养计划，见表 6 - 10。

表 6 - 10 题卡十

船型	汽车船，无人值班机舱
船舶航线	韩国→孟买→金奈→欧洲
船舶动态	船舶现在从孟买出发两天，5 天后到达金奈。从明天起进入海盗区，要值 3 天的海盗班，机舱改为有人机舱，公司要求机舱值海盗班
船舶机舱设备状况和保养项目	1. 污水柜水位已到较高位置，污水需要排海处理； 2. 辅锅炉在金奈要进行年检； 3. 主机工况良好； 4. 主空压机曲轴箱滑油使用时间较长，需要更换； 5. 一台发电机空冷器冷却效果不理想需要清洗，增压器有踹振现象； ……

6.3.11 题卡十一

请根据以下信息制订维修保养计划，见表 6 - 11。

表 6 - 11 题卡十一

船型	汽车船，无人值班机舱
船舶航线	中东→欧洲
船舶动态	船舶从科威特出发到欧洲，2 天后到德国的汉堡港口，停靠 16 h 后到英国朴次茅斯停靠 20 h，然后再回来中东沙特阿拉伯的吉达港
船舶机舱设备状况和保养项目	1. 昨天接到大副电话，甲板上的 Side Ramp（舷门跳板）液压油管发现大量漏油，需要更换液压油管，而且下个港口就要使用； 2. 一台发电机高温淡水泵轴封漏水； 3. 主机两台空冷器到期要清洗； 4. 主机的安全检查也快到期了； ……

6.3.12 题卡十二

请根据以下信息制订维修保养计划,见表 6 – 12。

表 6 – 12 题卡十二

船型	散货船
船舶航线	从连云港到深圳赤湾,靠泊以下港口:连云港→上海 16 h→宁波 24 h→深圳赤湾
船舶动态	现在是早上,刚从连云港开出,在宁波需要接收物料备件
船舶机舱设备状况和保养项目	1. 主机一个排气阀运行时间到期需要吊检; 2. 主机一个缸活塞环到港检查发现断裂需要更换; 3. 一台燃油分油机故障; 4. 此次到宁波时 3 号辅机已经连续运转 230 h; 5. 锅炉燃烧器的清洗; ……

6.3.13 题卡十三

请根据以下信息制订维修保养计划,见表 6 – 13。

表 6 – 13 题卡十三

船型	客滚船
船舶航线	天津到上海,现在船舶沿途停靠大连 12 h→青岛 10 h→连云港 12 h→上海
船舶动态	现是早上,船舶明天 9 点靠泊大连,在青岛港需要接收备件物料,上海要加燃油 400 t。
船舶机舱设备状况和保养项目	1. 主机高压油泵一台到期需要更换; 2. 主机排气阀有一个需要吊检; 3. 主机滑油分油机加热器温度达不到要求; 4. 三台发电机其中一台到期需大修; ……

6.3.14 题卡十四

请根据以下信息制订维修保养计划,见表 6 – 14。

表6–14 题卡十四

船型	散货船
船舶航线	鲅鱼圈→海口秀英港
船舶动态	船舶两天后到达烟台港,烟台港预计装货10 h,并要接收物料,然后开往海口秀英港装货,在这港要进行船旗国检查
船舶机舱设备状况和保养项目	1. 主机扫气道需要清洁; 2. 造水机工况不好,造水量明显低于正常值; 3. 一台燃油分油机供油泵轴封漏油严重; 4. 应急发电机启动电瓶老化,充电困难,现只能手动液压启动; ……

6.3.15 题卡十五

请根据以下信息制订维修保养计划,见表6–15。

表6–15 题卡十五

船型	集装箱
船舶航线	天津10 h→烟台12 h→青岛20 h→上海10 h→天津
船舶动态	你是新上船接班的轮机长,对此船情况并不是很了解,经过航行,你发现船舶机舱状况不是很好,现在是星期一早上,星期二上午10:00靠青岛码头
船舶机舱设备状况和保养项目	1. 主机有一个缸需要吊缸; 2. 主机增压器工况也不是很好,可能需要更换轴承; 3. 三台发电机中有一台需要检修; 4. 应急消防泵排出压力达不到要求、油水分离器等防污染养设备工况差; ……

6.3.16 题卡十六

请根据以下信息制订维修保养计划,见表6–16。

表6–16 题卡十六

船型	散货船
船舶航线	厦门→天津
船舶动态	现在是早上机舱工作晨会(船舶在海上航行中),第2天靠厦门卸货,停靠码头24 h,然后去天津装货停靠码头20 h

表6-16（续）

船型	散货船
船舶机舱设备状况和保养项目	1. 锅炉燃烧器的清洗； 2. 锅炉废气侧清洗时间已到； 3. 主机一个缸的排气阀运行时间到期需要吊检； 4. 主机一个缸的喷油嘴到期需要更换； 5. 主机一个缸的活塞环断裂需要更换； 6. 一台燃油分油机故障； 7. 运转中的发电机滑油压差大； ……

6.3.17　题卡十七

请根据以下信息制订维修保养计划，见表6-17。

表6-17　题卡十七

船型	散货船
船舶航线	南北航线
船舶动态	海上航行两天后靠厦门漳州港，且有副机备件接收
船舶机舱设备状况和保养项目	1. 航行中2号和3号副机并联运行，因3号副机淡水冷却器海水侧脏堵导致其淡水温度高而报警； 2. 因这次装载的燃油质量不好、杂质多，如处理不好滤器容易脏堵； 3. 1号副机曾用轻油，因高压油泵内漏过大，难以启动； 4. 风机房百叶窗检查时发现不能完全关闭； 5. 一台海水泵泄漏严重； ……

6.3.18　题卡十八

请根据以下信息制订维修保养计划，见表6-18。

表6-18　题卡十八

船型	散货船
船舶航线	南北航线
船舶动态	船已航行出了秦皇岛1天，开往防城港，预计8天后到达。

表 6-18（续）

船型	散货船
船舶机舱设备状况和保养项目	1. 主机 1 号缸排温过高,扫气温度也过高,检查确认此缸活塞环断裂; 2. 三台发动机有一台正在吊检大修; 3. 一台空调制冷效果不好; 4. 两台空压机保养时间已到; 5. 油水分离器使用效果不理想; ……

6.3.19　题卡十九

请根据以下信息制订维修保养计划,见表 6-19。

表 6-19　题卡十九

船型	集装箱 - 1 000 TEU
船舶航线	天津→深圳
船舶动态	现在是早上 8:00,船舶因为在没有泊位,在天津港口抛锚,船舶动态 16:00 进港停靠 12 h,然后航行到深圳
船舶机舱设备状况和保养项目	1. 本轮有三台燃油分油机,只有一台工况良好; 2. 到深圳赤湾有废油 15 t 要送岸; 3. 有公司主管到深圳赤湾来访船,进行例行的检查; ……

6.3.20　题卡二十

请根据以下信息制订维修保养计划,见表 6-20。

表 6-20　题卡二十

船型	汽车船
船舶航线	厦门→上海→天津
船舶动态	船舶从厦门出发到上海,还有 1 天到达上海,停靠 16 h 后到天津,停靠 20 h 后,再回到上海

表 6 - 20（续）

船型	汽车船
船舶机舱设备状况和保养项目	1. 昨天接到大副电话，甲板上的 Side Ramp（舷门跳板）液压油管发现大量漏油，需要更换液压油管，而且下个港口就要使用； 2. 一台发电机高温淡水泵轴封漏水； 3. 主机两台空冷器到期要清洗； 4. 主机的安全检查也快到期了； ……

附　　录

海船船员适任评估记录表 1

姓名		身份证号码		
申考等级和职务		750 kW 及以上三管轮		
准考证号码		评估科目	机舱资源管理	
评估日期		评估地点		
题卡号		评估时间	成绩	评估员签字
评估项目(内容)	机舱与驾驶台的通信与沟通(25分)			
	轮机部备件的申请、接受和保管(25分)			
	常规工况下轮机长、轮机员之间的协调和配合(包括备车、完成、机动航行、正常航行、锚泊、靠港作业、雾中航行、加燃润料等)(50分)			
	本科目60分及格	总时间不超过60分钟		
评估结果	□及格　□不及格	评估主考签字		

海船船员适任评估记录表 2

姓名		身份证号码		
申考等级和职务		750 kW 及以上三管轮		
准考证号码		评估科目	机舱资源管理	
评估日期		评估地点		
题卡号		评估时间	成绩	评估员签字
评估项目(内容)	机舱与驾驶台的通信与沟通(20分)			
	轮机部日常维修保养计划的编制与实施(30分)			
	常规工况下轮机长、轮机员之间的协调和配合(包括备车、完成、机动航行、正常航行、锚泊、靠港作业、雾中航行、加燃润料等)(50分)			
	本科目60分及格	总时间不超过60分钟		
评估结果	□及格　□不及格	评估主考签字		

参 考 文 献

[1] 张祖英.什么是管理[J].中国妇运,2000(2):47 - 48.

[2] 张祖英.管理职能(一):计划职能[J].中国妇运,2000(5):44 - 45.

[3] 张祖英.管理职能(五):领导职能[J].中国妇运,2000(12):42 - 43.

[4] 张祖英.管理职能(三):控制职能[J].中国妇运,2000(10):44 - 45.

[5] 张祖英.管理职能(四):激励职能[J].中国妇运,2000(11):47 - 48.

[6] 张英华.机舱资源管理中人为因素及技能训练研究[D].大连:大连海事大学,2012.

[7] 汤明.海船船员适任证书知识更新:轮机:2017 版[M].大连:大连海事大学出版社,2017.

[8] 梁凯林.基于 CREAM 的海上交通事故人因分析[D].大连:大连海事大学,2014.

[9] 张金鹏.机舱资源管理情景意识培养训练研究[D].大连:大连海事大学,2017.

[10] 韩雪峰.普通高等学校规划教材船舶机舱资源管理[M].北京:人民交通出版社股份有限公司,2018.

[11] 王雪峰.机舱资源管理实训教程[M].大连:大连海事大学出版社,2015.